GLI ADELPHI

29

La *Bhagavadgītā* è il centro ideale di un immenso poema epico, il *Mahābhārata*, per il quale origini e datazioni sono quanto mai incerte. J.A.B. van Buitenen, che lavorò a lungo alla più autorevole edizione occidentale del *Mahābhārata*, propose la seguente formula: «Una datazione che vada dal 400 a.C. al 400 d.C. è ovviamente assurda se riferita a una singola opera letteraria. Ha un senso se consideriamo il testo non tanto un'opera sola, ma una biblioteca di opere. Allora possiamo dire che il 400 a.C. fu la data di fondazione di quella biblioteca e che il 400 d.C. fu la data approssimativa dopo la quale non furono più fatte aggiunte sostanziali al testo».
L'edizione che qui presentiamo si basa su alcuni corsi tenuti alla Sorbona da Olivier Lacombe, ed è curata dalla sua allieva Anne-Marie Esnoul.

Bhagavadgītā

A CURA DI ANNE-MARIE ESNOUL

ADELPHI EDIZIONI

Traduzione di Bianca Candian

WWW.ADELPHI.IT

ISBN 978-88-459-0851-4

Anno				Edizione						
2018	2017	2016	2015	11	12	13	14	15	16	17

INDICE

Introduzione	9
BHAGAVADGĪTĀ	19
Canto I	21
Canto II	33
Canto III	49
Canto IV	61
Canto V	71
Canto VI	77
Canto VII	87
Canto VIII	95
Canto IX	101
Canto X	109
Canto XI	119
Canto XII	129
Canto XIII	133
Canto XIV	141
Canto XV	147

Canto XVI 151
Canto XVII 157
Canto XVIII 163

NOTA SULLA «BHAGAVADGĪTĀ»
di Mario Piantelli 179

INTRODUZIONE

Nell'immenso insieme del *Mahābhārata*, la *Bhagavadgītā*, *Canto del beato Signore*, occupa un posto a parte; è una delle parti speculative inserite nel poema, ma per la sua composizione e ispirazione costituisce un tutto autonomo.

I primi libri dell'epopea erano dedicati alle cause lontane, poi più vicine, del conflitto; la *Gītā* si situa nel momento in cui la battaglia sta per cominciare. Poema dialogato di settecento versi, comprende diciotto canti corrispondenti ai capitoli da XXV a XLII del libro VI del *Mahābhārata*, detto *Libro di Bhīṣma*.

Come gli altri testi dell'Antichità indiana, anche questo non è stato composto, probabilmente, d'un sol tratto. Si contesta persino che, all'origine, sia stato concepito per far parte della grande epopea. Il titolo che spesso gli si attribuisce, *Bhagavadgītopaniṣad*, e la somiglianza che presenta con le forme upanishadiche, hanno indotto a chiedersi se primitivamente non si trattasse di una *Upaniṣad*, formata, alla maniera delle altre, di frammenti giustapposti e che avrebbe diffuso, nella prospettiva delle sette che a quell'epoca si andavano costituendo, l'insegnamento di certi circoli krishnaiti.

Le ripetizioni, i temi che si intrecciano, la mescolanza delle dottrine sāṃkhya e vedantiche ci riportano, infatti, in piena atmosfera upanishadica. Vi sono state discussioni per chiarire quali parti potevano essere considerate antiche e quali sarebbero state aggiunte in seguito. Si è esagerato in tale lavoro di smembramento, che non è possibile compiere con sicurezza, più che nel caso delle *Upaniṣad* stesse. Si è giunti a pretendere che il testo iniziale si fermasse al versetto 38 del canto II. Di fatto, non abbiamo modo di provare alcunché di preciso al riguardo. Il testo non è omogeneo, tradisce influenze diverse; all'origine probabilmente doveva esser molto meno lungo: di più non si può affermare.

Anche per le sue date non si può dire nulla di certo: la composizione dell'insieme epico di cui la *Gītā* fa parte abbraccia da sei a sette secoli. Sembra tuttavia che, per quanto la concerne, si possa ridurre un po' questo ventaglio di anni. Il suo insegnamento ricorda quello di certe *Upaniṣad* come la *Kaṭha* – che non è poi così recente – ma soprattutto presenta grandi analogie con quello della *Śvetāśvatara*: si può ritenere che la composizione di quest'ultima potrebbe essersi gradualmente compiuta verso gli stessi tempi e corrispondere forse allo sviluppo di culti settari nel II o nel I secolo a.C.

L'espressione «culto settario» non deve indurre in errore: si tratta, grosso modo, del costituirsi ed espandersi di sette che tributavano un culto fatto di adorazione (*bhakti*) a una divinità, spesso di origine molto localizzata, ma assimilata a una delle due grandi figure dell'induismo: Viṣṇu o Śiva.

Più importante della sua origine, è il posto che la *Gītā* occupa in tutto il pensiero dell'India, la straordinaria diffusione che ha conosciuto. A eccezione di certi ambienti shivaiti, tutte le correnti religiose brahmaniche l'hanno accettata come un libro sacro al pari dei *Veda* e delle *Upaniṣad*; è stata integrata alla Rivelazione (*śruti*), mentre il resto del *Mahābhārata* fa parte soltanto della Tradizione (*smṛti*).

A causa di questa posizione privilegiata, è stata oggetto di numerosi commentari. Se ne sono occupati i maggiori filosofi: lo stesso Śaṅkara, che, per le sue dottrine moniste, avrebbe potuto non sentirsi attratto da un testo così apertamente pietista. In seguito – e sempre nella linea vedantica – Rāmānuja (XI secolo) e Madhva (XIV secolo) sono con assai maggior evidenza nella prospettiva della *Gītā*. Del resto – e per non citare che i più grandi – Abhinavagupta (XI secolo), brahmano shivaita del Kaśmīr, ne ha fatto un commento dal titolo di *Bhagavadgītārthasaṃgraha, Raccolta degli argomenti trattati nella* Bhagavadgītā.

Quanto al testo stesso, si presenta sotto forma di un dialogo riferito da una terza persona nell'ambito di un altro dialogo. Tale procedimento esiste già nelle *Upaniṣad*, ed è di regola in tutti i testi epici. Il racconto che serve da cornice presenta Sañjaya, auriga del re Dhṛtarāṣṭra, che fa a quest'ultimo un resoconto della preparazione del combattimento e riferisce fedelmente questo interludio: il dialogo che si svolge fra il terzo dei principi Pāṇḍava, Arjuna, «l'Arciere» figlio legalmente di Pāṇḍu, ma in realtà del dio Indra, e Kṛṣṇa, suo auriga (*sūta*) e parente. I *sūta* erano molto spesso non solo dei guerrieri, ma anche dei bardi; dunque, all'inizio, le risposte avvedute di Kṛṣṇa ad Arjuna, preso da scrupoli in presenza di avversari che sono tutti suoi parenti o amici, non escono dal normale quadro dei costumi del tempo. Tuttavia, ben presto, al terzo canto, Kṛṣṇa abbandona il suo carattere umano per rivestire quello dell'Assoluto personificato.

Chi è dunque Kṛṣṇa? In origine è stato probabilmente il dio di tribù pastorali e abitatrici delle foreste sulle rive della Yamunā. Sul piano mitologico, la sua leggenda appartiene alla regione di Mathurā: il tiranno Kaṃsa, della dinastia degli Yādava (discendenti di Yadu), ha detronizzato il padre, Ugrasena, e regna arbitrariamente sullo Vṛndāvana. Il fratello di Ugrasena, Devaka, ha una figlia, Devakī, sposata a Vasudeva, suo parente e fratello di Kuntī, madre dei Pāṇḍava.

Un saggio, Nārada, che appare a più riprese nel *Mahābhārata*, aveva predetto a Kaṃsa che sarebbe stato ucciso da un figlio di sua cugina Devakī. In conseguenza di questo, il principe non aveva fatto sopprimere la cugina, ma la teneva prigioniera, insieme al suo sposo, e faceva uccidere appena nascevano tutti i loro figli maschi: già sei erano morti. Circa gli avvenimenti posteriori, si sovrappongono l'una all'altra numerose leggende. Ne risulta, grosso modo, questo: vengono scambiate le figlie del pastore Nanda e di sua moglie Yaśodā con il settimo e l'ottavo figlio di Devakī e di Vasudeva: Balarāma e Kṛṣṇa. Allevato da Nanda in mezzo ai pastori, Kṛṣṇa è perseguitato dall'odio omicida di Kaṃsa, informato della sua esistenza. Ma – secondo altre leggende – egli è nato da un capello nero (*kṛṣṇa*) di Viṣṇu e per questa sua origine divina è invincibile. Dotato di una forza e di una abilità straordinarie, egli stermina tutti i nemici che Kaṃsa gli invia e sventa i loro tranelli.

Giunto all'età adulta, uccide il tiranno e rimette sul trono Ugrasena. Egli stesso parte, recandosi a fondare Dvārakā (Dvāravatī) sulla costa occidentale dell'India e vi stabilisce il suo regno. Là egli si ritirerà dopo il conflitto e morirà di una ferita al tallone; trasportato nel cielo degli dèi, vi sarà divinizzato. In questa tradizione, come si vede, la sua figura si ispira alle leggende degli eroi e fondatori di città divinizzati. È soltanto nella *Gītā* che i testi della grande epopea lo presentano come l'Assoluto e come un *avatāra* di Viṣṇu.

Ma, anche nel caso di questo testo privilegiato, è pur sempre la tradizione popolare che ci permette di capire la sua posizione nel momento in cui la *Bhagavadgītā* ha inizio. Come i Kaurava e i Pāṇḍava, egli appartiene alla razza lunare; la sua parentela lontana è stata ravvicinata dal fatto che suo padre Vasudeva è lo zio materno dei Pāṇḍava e, in tutta l'epopea, l'importanza di un legame in linea materna è molto rilevante. Vāsudeva, nome con cui si designa Kṛṣṇa, significa «figlio di Vasudeva». Si dice che egli abbia assistito allo *svayaṃvara* di Draupadī e vi abbia dichiarato che Arjuna l'aveva lealmente conquistata. Egli tenta di appianare il conflitto fra i Kaurava e i Pāṇḍava; alla fine, propone agli uni il suo aiuto personale, agli altri quello del suo esercito. Arjuna, molto accorto, sceglie l'aiuto di Kṛṣṇa; Duryodhana quello del suo esercito; così Kṛṣṇa diventa il *sūta* del Pāṇḍava e in quanto tale ci appare nel primo canto del poema, canto consacrato alla descrizione dei combattenti e alle conseguenze psicologiche del conflitto nell'anima di Arjuna.

Sañjaya enumera i guerrieri presenti, poi segnala l'improvviso sgomento del Pāṇḍava, il suo arrestarsi fra i due eserciti, i suoi scrupoli angosciosi, la cui esposizione prosegue sino alla fine del capitolo.

Il secondo canto porta la risposta di Kṛṣṇa; da questo momento in poi, le repliche di Arjuna sono in generale molto brevi e servono soltanto da pretesto alle spiegazioni di Kṛṣṇa. Le risposte di quest'ultimo si ponevano all'inizio sullo stesso piano delle domande, in un tono molto affine a quello delle *Upaniṣad*, e si presentavano come un'esaltazione dell'azione prescritta dalla condizione di vita. Bisogna riconoscere – a sostegno di coloro che pensano di far terminare a questo punto il testo iniziale – che a partire dal canto II, 39, questo tono cambia e diviene quello di un'esposizione didattica sull'agire, il non-agire e il distacco dall'azione compiuta.

Una delle caratteristiche più notevoli di tutto il testo sarà l'importanza attribuita allo yoga, preso nel senso di disciplina unitiva: unificazione dei sensi, poi del pensiero. Qui la parola «yoga» perde molto del suo significato tecnico per divenire quasi un sinonimo di *bhakti*, quella devozione che i culti settari raccomandano come il mezzo per eccellenza per raggiungere la liberazione. Il termine stesso di «Bhagavant» deriva dalla medesima radice BHAJ, «condividere», «partecipare a», da cui adorare: indica colui che lascia partecipare alla propria pienezza. La *Bhagavadgītā* è il testo dove meglio si esprime l'equilibrio esistente fra l'adorazione fiduciosa del fedele e la benevolenza che inclina verso di lui la persona divina.

Inserito in un contesto speculativo, tale insegnamento molto semplice finisce per mescolarsi a un certo numero di considerazioni di varia origine. Quell'adorazione fatta di attenzione vigile, diretta verso un unico fine, si eserciterà su vari temi: teorie di un sāṃkhya che non ha ancora assunto l'aspetto sistematico che sarà noto nei secoli successivi, teorie dell'azione nel senso di «sacrificio» e delle altre «buone azioni»... il posto occupato dalla tradizione sacrificale è ancora grande, poiché il canto IV le è dedicato quasi interamente e nel corso degli altri canti sono numerosi i versi in cui la sua importanza è nuovamente sottolineata.

Tale rispetto della tradizione si accompagna ora non soltanto a una esaltazione della gnosi come mezzo di salvezza, ma anche a un atteggiamento nello stesso tempo di rinunzia a ogni beneficio nato dall'atto, e di raccoglimento. L'introduzione di quest'ultima nozione è un segno dell'influenza delle teorie dello yoga; questa volta, piuttosto che del significato banale di disciplina, si tratta del termine tecnico che designa il metodo tendente all'unione delle facoltà umane. Il raccoglimento e gli altri procedimenti classici dello yoga portano alla concentrazione e, più oltre, alla chiara visione della realtà. Tale realtà, ci viene detto, non è altro che il Brahman quale era stato descritto già dalle *Upaniṣad.* Ma a questo punto, ancora una volta, si passa a un altro piano: al di là di questo Brahman imperituro ma impersonale, vi è il suo fondamento: la persona divina, il Bhagavant, Assoluto personificato dalle molteplici manifestazioni, di cui egli stesso sgrana con compiacenza la litania, ripresa poi da Arjuna; tale è il soggetto dei canti X e XI. A tale Persona suprema ci si affida con devozione completa; la progressione di questi pochi canti e il loro legame sono evidenti.

A partire dal canto XIII, le considerazioni filosofiche riguardanti la teoria della conoscenza e il gioco delle tre qualità della natura proseguiranno fino alla fine del poema. Anche il canto XVIII, consacrato, secondo la tradizione, alla rinunzia liberatrice, si fonda su questa classificazione tripartita. Soltanto alla fine il tono si colora nuovamente di *bhakti* per proclamare l'amore indefettibile che il Bhagavant nutre per il suo fedele.

La conclusione, che mostra Arjuna illuminato da questo insegnamento e pronto alla lotta, reintegra il poema nel complesso della grande epopea dei Bhārata. Arjuna, deciso a combattere, rappresenta l'indubitabile scatenarsi della battaglia, che termina con lo sterminio, annunciato nel canto XI, di quasi tutti i combattenti e il trionfo dei Pāṇḍava, conquistato a così caro prezzo.

BHAGAVADGĪTĀ

CANTO I

Dhṛtarāṣṭra disse:

1. Radunati nel campo sacro, nel Kurukṣetra, impazienti di combattere, che han fatto o Sañjaya la mia gente e quelli di Pāṇḍu?

Sañjaya disse:

2. Vedendo l'esercito dei Pāṇḍava in ordine di battaglia, il re Duryodhana si avvicinò allora al suo maestro (d'armi) e gli rivolse queste parole:

3. «O maestro, considera questo esercito imponente dei figli di Pāṇḍu, schierato dal figlio di Drupada, tuo avveduto discepolo.

4. «Vi sono là tanti eroi, grandi arcieri, pari nel combattimento a Bhīma e Arjuna: Yuyudhāna, Virāṭa, e Drupada dal grande carro;

5. «Dhṛṣṭaketu e Cekitāna, il valoroso re di Kāśī,

Purujit e Kuntibhoja e il capo degli Śibi, toro fra gli uomini,

6. «Yudhāmanyu, il prode, e Uttamaujas, il valoroso, il figlio di Subhadrā e i figli di Draupadī, tutti guerrieri dai grandi carri.

7. «Ascolta, o migliore fra gli ārya; i più ragguardevoli fra i nostri, capi del mio esercito, io te li nominerò, affinché tu ne prenda conoscenza.

8. «La tua Signoria e Bhīṣma, Karṇa e Kṛpa, vittoriosi in battaglia, Aśvatthāman e Vikarṇa così come il figlio di Somadatta,

9. «e molti altri eroi; essi hanno offerto la loro vita per la mia causa. Essi vanno all'assalto con armi diverse, ma possiedono tutti una scienza consumata della guerra.

10. «Immensa è questa nostra forza, sotto la salvaguardia di Bhīṣma; la loro invece è limitata, malgrado la cura vigile di Bhīma.

11. «Saldi nelle posizioni che vi sono state assegnate, su tutte le vie della battaglia, veglino dunque le vostre Signorie alla sicurezza di Bhīṣma».

12. A tali parole, l'Avo dalla gloria splendente, l'Anziano dei Kuru, incitandoli all'entusiasmo, facendo con gran fragore echeggiare il ruggito del leone, soffiò nella sua conca.

13. Poi, d'improvviso, le conche risuonano; si battono i gong, i tamburi e i tamburelli. Fu uno strepito assordante.

14. Allora, in piedi, sul loro gran [carro] veloce, aggiogato a bianchi corsieri, il Mādhava e il Pāṇḍava soffiarono nelle loro conche magiche.

15. Hṛṣīkeśa soffiò in Pāñcajanya, Dhanaṃjaya in Devadatta, Vṛkodara, dalle temibili imprese, nella grande conca Pauṇḍra,

16. il re Yudhiṣṭhira, figlio di Kuntī, in Anantavijaya, Nakula e Sahadeva in Sughoṣa e in Manipuṣpaka,

17. il re di Kāśī, il migliore degli arcieri, e Śikhaṇḍin dal grande carro, Dhṛṣṭadyumna e Virāṭa, Sātyaki l'invincibile,

18. Drupada e i suoi figli, o sovrano, Saubhadra dalle grandi braccia, soffiarono, per ogni dove, ciascuno nella sua conca particolare.

19. Questo fracasso assordante, che faceva risuonare volta a volta le nuvole e la terra, straziava il cuore degli uomini di Dhṛtarāṣṭra.

20-21. Vedendo allora i Dhṛtarāṣṭridi in ordine di battaglia – già volavano i lanci di dardi – il Pāṇḍava dalla bandiera coll'insegna della scimmia alzò il suo arco e rivolse, o re, queste parole a Hṛṣīkeśa:

21-22. «Ferma il mio carro, o Acyuta, tra i due eserciti, il tempo di scrutare attentamente le file di questi guerrieri determinati a battersi e con i quali bisogna misurarsi in questa mischia che si va scatenando,

23. «il tempo di considerare questi futuri combattenti, qui radunati, tanto desiderosi di soddisfare

nella guerra i disegni accarezzati dallo sconsiderato figlio di Dhṛtarāṣṭra».

24-25. A tali parole che Guḍākeśa gli indirizzava, discendente di Bharata, Hṛṣīkeśa fermò il migliore dei carri nel mezzo dei due eserciti e in faccia a Bhīṣma, a Droṇa e a tutti gli altri reggitori della terra, gli disse: «Figlio di Pṛthā, osserva i Kuru radunati».

26-27. E il figlio di Pṛthā, in piedi, vide nelle due armate che s'affrontavano padre, nonno, maestri, zii materni, fratelli, figli, nipoti o compagni, cognati e amici.

27-28. Il figlio di Kuntī contemplava tutti i suoi parenti che si trovavano in quella situazione e, invaso da una profonda pietà, pronunciò queste parole desolate:

28-29-30. «O Kṛṣṇa, quando vedo i miei desiderosi di combattere, pronti [a farlo], mi vengon meno le membra, la mia bocca si dissecca, un brivido si impadronisce del mio corpo, mi si drizzano i peli, il mio arco Gāṇḍīva mi cade dalle mani, la mia pelle è tutta ardente, non posso star dritto e la mia mente sembra presa da vertigine.

31. «[Non] scorgo [che] presagi avversi, o Kṛṣṇa, e non vedo quale bene potrebbe risultare, quando avrò colpito i miei nella battaglia.

32. «Non aspiro alla vittoria, né alla regalità, né ai piaceri; che ce ne facciamo, o Govinda, della regalità, dei godimenti, della vita stessa?

33-34. «Coloro per i quali aspiravamo alla regalità, alle ricchezze e ai godimenti, eccoli schierati ai posti di combattimento, avendo fatto sacrificio della vita e dei beni: maestri, padri, figli e similmente avi, zii materni, fratelli delle spose, nipoti, sposi delle sorelle e parenti acquisiti.

35. «[Tutti] costoro, o distruttore di Madhu, anche se mi colpiscono, non li voglio colpire, fosse anche per la regalità dei tre mondi, quanto meno per [quella del]la terra [soltanto].

36. «Quando avessimo ucciso i Dhṛtarāṣṭridi, quale gioia potrebbe essere la nostra, o Janārdana? Il male ce ne verrebbe, se li colpissimo a causa delle loro intenzioni omicide.

37. «Dunque è un'infamia per noi mettere a morte i Dhṛtarāṣṭridi, nostri parenti; infatti, come potremmo essere felici, o Mādhava, dopo aver ucciso la nostra parentela,

38. «anche se, col cuore ferito da cupidigia, essi non vedono che è un errore distruggere la propria famiglia, crimine mortale tradire i propri amici?

39. «Come non sapremmo distoglierci da questo crimine, noi che vediamo quale errore sia la distruzione della famiglia, o Janārdana!

40. «Con la distruzione della famiglia perisce anche l'ordine sacro che deve reggere perennemente la famiglia; distrutto l'ordine, il disordine, sicuramente, domina la famiglia tutta.

41. «Quando il disordine predomina, o Kṛṣṇa, le donne della famiglia si corrompono; quando le donne sono corrotte, o figlio di Vṛṣṇi, si produce la mescolanza delle caste.

42. «Una tale mescolanza porta all'inferno coloro che hanno colpito la famiglia e la famiglia stessa, poiché gli antenati vi cadono, per mancanza di offerte rituali: palle di riso e libagioni d'acqua.

43. «In conseguenza di simili errori imputabili agli uccisori della famiglia e che provocano la mescolanza delle caste, l'ordine sacro ed eterno della famiglia è sovvertito.

44. «Per gli uomini la cui famiglia non è più retta dall'ordine, o Janārdana, v'è una dimora sicura all'inferno! L'abbiamo sentito [insegnare] tante e tante volte!

45. «Ahimè! sventura! eravamo decisi a commettere un gran crimine, poiché, desiderando la regalità e il piacere, ci apprestavamo a uccidere i nostri.

46. «Se, rifiutando di affrontarli e di usare le mie armi, fossi ucciso in combattimento dai Dhṛtarāṣṭridi con le armi in pugno, sarebbe ciò per me una sorte migliore».

Sañjaya disse:

47. Con tali parole Arjuna, in [piena] battaglia, lasciò cadere arco e frecce e si sedette in fondo al suo carro, la mente turbata dall'angoscia.

Posteriormente alla sua composizione nello stato in cui essa ci è pervenuta, è invalso l'uso, in molte edizioni, di far precedere ogni canto della *Gītā* da un titolo evocante il tema trattato in quel passo. Il primo canto si intitola *Angoscia di Arjuna* ed è in certo modo dedicato a situare l'azione e i personaggi: Dhṛtarāṣṭra, il re cieco, padre dei Kaurava e zio dei Pāṇḍava, interroga Sañjaya, suo auriga (*sūta*). Ricordiamo che i *sūta* erano personaggi importanti: prima che il conflitto si scateni, Sañjaya ha avuto il ruolo di ambasciatore presso i Pāṇḍava. Si ritiene sia lui a ripetere a Dhṛtarāṣṭra l'insegnamento della *Bhagavadgītā* dato dal Beato Kṛṣṇa ad Arjuna in un dialogo che egli trasmette fedelmente; egli descrive inoltre l'atteggiamento dei vari combattenti nei due eserciti.

(2) Duryodhana, il maggiore dei figli di Dhṛtarāṣṭra, le cui azioni ingiuste hanno scatenato tutto il processo bellico, interroga il suo *maestro d'armi.*

(3) Il *figlio di Drupada* è Dhṛṣṭadyumna, fratello di Draupadī e generale in capo dell'esercito dei Pāṇḍava.

(4) *Yuyudhāna*, parente di Kṛṣṇa, compare in certi passi del *Mahābhārata* come suo *sūta*; è conosciuto anche col nome di Sātyakin. *Virāṭa*, in realtà, è il re di Virāṭa, una terra situata a circa duecento chilometri a sud dell'attuale Delhi. Combatte a fianco dei Pāṇḍava, in ringraziamento per l'aiuto che costoro gli avevano dato quando vivevano in esilio alla sua corte. Sarà ucciso, nel corso della battaglia, da Droṇa, il precettore dei Kaurava e dei Pāṇḍava.

Drupada è il padre di Draupadī, la sposa dei cinque fratelli; combatte naturalmente a fianco dei generi.

(5-6) Si conoscono tre principi col nome di *Dhṛṣṭaketu*, tutti alleati dei Pāṇḍava; uno di essi è figlio di Dhṛṣṭadyumna; il nome *Cekitāna* significa «l'Intelligente»; non si hanno altri particolari a suo riguardo. *Kāśī*, nome antico di Benares, era governata da una stirpe di principi proveniente dalla razza lunare come quella dei Pāṇḍava, dei Kaurava e di Kṛṣṇa stesso. Vi è un Dhṛṣṭaketu re di Kāśī; Cekitāna potrebbe essere un epiteto che gli si adatterebbe, in quanto virtuoso, tutto l'emistichio riferendosi allora a un solo personaggio.

Purujit e *Kuntibhoja* (re di Kunti) sono fratelli; gli *Śibi* rappresentano una tribù data come discendente da un re leggendario, stimato per la sua liberalità e abnegazione: egli avrebbe offerto una quantità uguale – pesata sulla bilancia – della propria carne per salvare Agni, sotto forma di tortorella, e Indra, sotto forma di falco.

Yudhāmanyu è, come accade spesso, un epiteto usato come nome proprio evocante il furore nella battaglia; similmente, *Uttamaujas* designa qualcuno dotato di una forza estrema. *Subhadrā* è la sorella di Kṛṣṇa e una delle spose di Arjuna; suo figlio Abhimanyu, di cui qui si tratta, ucciderà il figlio di Duryodhana nel secondo giorno della battaglia, ma sarà ucciso a sua volta nel tredicesimo. Al figlio di lui Parīkṣit spetterà, terminato il conflitto, la regalità su Hastināpura, così aspramente contesa, essendo stati massacrati da Aśvatthāman a tradimento ancor giovanissimi i figli che Draupadī aveva avuto dai cinque Pāṇḍava, nel diciottesimo e ultimo giorno della lotta.

(8) Fra i principali alleati dei Kaurava si trova *Bhīṣma*, zio degli avversari, perché è figlio di Śāntanu e del fiume Gaṅgā. Avendo fatto voto di celibato, non è lui che ha il dovere di assicurare l'avvenire della dinastia dopo la morte dei suoi due fratellastri, bensì il fratellastro uterino di questi ultimi, Vyāsa, dal quale le due cognate ebbero l'una Pāṇḍu e l'altra Dhṛtarāṣṭra. Quanto a Bhīṣma, ha vegliato sull'infanzia dei figli dell'uno e dell'altro. Al momento della rottura, ha predicato la moderazione. Nell'ora stessa del combattimento, prende partito per i Kaurava e accetta il comando del loro esercito. Arjuna lo colpirà a morte, nel decimo giorno della battaglia. La sua presenza nel campo avverso è, del resto, una delle cause dell'angoscia di Arjuna.

Karṇa è il fratellastro dei tre maggiori fra i Pāṇḍava; la loro madre, Pṛthā – o Kuntī – l'aveva avuto da Sūrya, il dio Sole, prima di sposare Pāṇḍu; ma se ne era sbarazzata per paura delle chiacchiere. Abbandonato sulle rive della Yamunā, fu raccolto da Nandana, *sūta* di Dhṛtarāṣṭra; allevato da questi e dalla sua sposa Rādhā, passava per loro figlio. Divenuto re di Aṅga, si presenta allo *svayaṃvara* di Draupadī che lo respinge perché lo crede di bassa estrazione: vi è dunque una forte dose di risentimento nella scelta che lo spinge al fianco dei Kaurava. Sarà ucciso in singolar tenzone da Arjuna, nonostante l'intervento di Pṛthā che lo ha riconosciuto e cerca di opporsi a quella lotta fratricida. Dopo la sua morte, si viene a sapere chi egli era in realtà e ciò è per Arjuna una causa ulteriore di rimorsi e di lamenti.

Kṛpa, figlio del saggio Śaradvat, era stato adottato dal re Śāntanu; apparteneva al consiglio privato di Hastinapura e fu uno dei tre guerrieri sopravvissuti del partito dei Kaurava.

Aśvatthāman, figlio di Droṇa, è un altro dei tre sopravvissuti del clan Kaurava. Dopo la battaglia, di notte, tutti e tre scivolano nel campo dei Pāṇḍava e per vendicare Droṇa massacrano i cinque giovani figli di Draupadī; Aśvatthāman porta le loro teste a Duryodhana morente.

Vikarṇa è uno dei cento figli di Dhṛtarāṣṭra; sono noti numerosi re col nome di *Somadatta.*

(10) *Bhīma* è il secondo Pāṇḍava, che Pṛthā ha avuto da Vāyu, dio delle tempeste, il che spiega il carattere violento del principe; infatti la sua rivalità con Duryodhana fu la causa prima dell'ostilità fra i due rami della famiglia.

(12) L'*Avo* designa Dhṛtarāṣṭra il quale, informato da Sañjaya, si associa alle manifestazioni guerresche del suo partito.

(14) *Il Mādhava* – discendente di Madhu – è uno dei nomi di Kṛṣṇa. Guida il carro dai bianchi corsieri di Arjuna, designato qui col suo epiteto «Pāṇḍava», «discendente di Pāṇḍu». Madhu è un lontano antenato di Kṛṣṇa; il titolo che Arjuna gli conferisce più oltre si riferisce a un'altra leggenda: «uccisore di Madhu» (Madhusūdana). Madhu e Kaiṭabha erano due demoni, usciti dall'orecchio di Viṣṇu, che si preparavano ad attaccare Brahmā durante il sonno di Viṣṇu, quando questi, risvegliatosi, li ha uccisi. Dunque, in realtà, è Viṣṇu e non Kṛṣṇa l'uccisore di Madhu; tale epiteto applicato a Viṣṇu attesta così in maniera indiretta l'identità dell'uno con l'altro.

(15) *Hṛṣīkeśa* è un altro nome di Kṛṣṇa e di Viṣṇu; significa sia «colui che ha i capelli ritti» sia, semplicemente, l'equivalente di Hṛṣīvat, «pieno di gioia». La sua conca *Pāñcajanya* è formata dalla conchiglia del demone marino Pañcajana, che egli ha ucciso. *Dhanaṃjaya*, uno dei nomi di Arjuna, «colui che conquista le ricchezze», allu-

de forse fra l'altro alla vittoria riportata in occasione dello *svayaṃvara* di Draupadī. *Devadatta*, «donato dagli dèi», sottolinea l'origine celeste della sua conca. *Vṛkodara*, «ventre di lupo», è un soprannome di Bhīma la cui conca, *Pauṇḍra*, è originaria di Puṇḍra; geograficamente Puṇḍra rappresenta una contrada che si estende al Bengala e ad una parte del Bihār ma, nella leggenda, tale nome designa anche una città favolosa situata nell'Himālaya, nelle vicinanze del Monte Meru, l'asse del mondo; è probabilmente da questa città favolosa che proviene la conca di Bhīma.

(16) *Yudhiṣṭhira*, figlio di Kuntī – o Pṛthā – è il maggiore dei Pāṇḍava, nato da Dharma, signore della legge; la sua conca si chiama «Trionfo senza limiti». *Nakula* e *Sahadeva*, i due gemelli Pāṇḍava, sono nati da Mādrī, la quale li ha avuti dagli dèi gemelli guaritori, gli Aśvin. *Sughosa*: «colei che ha un bel suono».

(17) *Śikhaṇḍin*, giovane fratello di Draupadī, secondo certe leggende sarebbe la reincarnazione di Ambā – figlia del re di Kāśī – rapita da Bhīṣma perché fosse la sposa di suo fratello Vicitravīrya, mentre era già impegnata col re di Salva. Respinta da una parte e dall'altra, si era ritirata nella foresta e si era rivolta a Paraśurāma (settimo *avatāra* di Viṣṇu) per chiedere vendetta. Aveva ottenuto di rinascere uomo per uccidere Bhīṣma; in questa tradizione, è Śikhaṇḍin a scoccare la freccia di cui morrà il principe.

La bandiera di Arjuna porta una *scimmia* come emblema (21). *Acyuta*, l'«Imperituro», è uno dei nomi di Kṛṣṇa e il suo uso fin dal primo canto fa pensare che, anche prima della sua grande rivelazione, Arjuna non è senza una qualche idea della natura divina di Kṛṣṇa.

(24) *Guḍākeśa*, «dalla folta capigliatura», è uno degli epiteti di Arjuna.

(25) *Droṇa*, benché brahmano, era maestro nell'arte delle armi, sia dei Kaurava che dei Pāṇḍava. Offeso da Drupada, re di Pañcala, divenne suo mortale nemico e il motivo della loro rivalità richiama, in una specie di contrappunto, quella di Duryodhana e Bhīma. Droṇa aveva sposato Kṛpā, sorellastra di Bhīṣma; Aśvatthāman era

figlio loro. Dopo la morte di Bhīṣma, Droṇa prese il comando in capo dell'esercito dei Kaurava. Nel quarto giorno della battaglia, uccise Drupada ma fu ucciso a sua volta, a tradimento, e decapitato da Dhṛṣṭadyumna, desideroso di vendicare il padre.

Nel medesimo versetto, *Kuru radunati* designa di fatto i due eserciti, poiché Pāṇḍava e Kaurava sono ugualmente discendenti di Kuru.

(30) *Gāṇḍīva*: si dice che l'arco di Arjuna fosse stato donato dal dio Soma a Varuṇa, da Varuṇa ad Agni e da Agni ad Arjuna.

(31) *Keśava* [*Kṛṣṇa*]: soprannome di Viṣṇu e di Śiva, significa «dalla bella capigliatura» oppure «dalla opulenta capigliatura».

(32) *Govinda* è un altro nome di Kṛṣṇa, «guardiano di vacche», che allude alla sua infanzia quando era allevato di nascosto dal pastore Nanda e dalla sua sposa Yaśodā.

(34) Il sanscrito impiega due termini differenti per indicare i fratelli delle spose e gli sposi delle sorelle.

(35) I tre *mondi*, cioè il cielo, la terra e lo spazio intermedio, sono i tre spazi percorsi da Viṣṇu nell'*avatāra* del nano trasformato a un tratto in gigante per sconfiggere il demone Bali, nella seconda età del mondo (*tretāyuga*).

(36) *Janārdana*, epiteto di Kṛṣṇa e di Viṣṇu, «colui che stimola le genti». Arjuna assume qui una posizione di assoluta non-violenza poiché respinge l'idea di uccidere anche per difendere la propria vita contro avversari in preda a una sete omicida che egli non ignora.

(41) Allusione – ripresa al versetto 43 – a ciò che, attraverso il *Mahābhārata* e i *Purāṇa*, appare come uno dei mali più grandi, annunciatore di una distruzione periodica dell'universo: la mescolanza delle caste.

Vṛṣṇi, uno dei discendenti di Yadu, dunque antenato di Kṛṣṇa, un po' più lontano di Madhu.

(42) Nozione che risale al periodo vedico, ma ricordata in certe leggende del *Mahābhārata*: il più grande disastro per una stirpe è la mancanza di un discendente maschio, il solo idoneo a offrire ai mani i *piṇḍa* – gallette di riso – che li preserveranno da una «seconda morte» nell'aldilà. Tali gallette si offrono in numero di tre: destina-

ta ognuna a uno dei tre ascendenti immediati, che rappresentano tutta la stirpe. Si tratta di una specie di sopravvivenza all'interno della morte stessa; il rito conserva tutta la sua importanza in epoca molto posteriore a quella in cui si sono affermate le nozioni di liberazione mediante la gnosi. Questa credenza implica la necessità di 'incaricare' un parente prossimo di fare un figlio a chi è rimasto senza posterità: così accade per la nascita di Pāṇḍu e di Dhṛtarāṣṭra.

L'*inferno* (*naraka*) è ancora una nozione piuttosto imprecisa ma più volte menzionata dai testi (44); si tratta di un luogo oscuro e senza gioia piuttosto che di un luogo di tormenti come gli inferni di cui parla il buddhismo.

CANTO II

1. [Vedendolo] in tal modo preso da compassione, lo sguardo velato da un fiotto di lacrime, abbandonato allo sconforto, il distruttore di Madhu così gli parlò:

[Il Beato disse]:

2. Donde viene a impadronirsi di te, nel momento del pericolo, questo turbamento che [non si potrebbe] approvare in un essere nobile, e che non procura né il cielo né la gloria, o Arjuna?

3. Non abbandonarti alla viltà, figlio di Pṛthā: in te è fuori luogo. Sgombra il tuo cuore da questa debolezza meschina e sorgi, o tormento dei nemici!

Arjuna disse:

4. Come potrei, o distruttore di Madhu, volger nel combattimento le mie frecce contro Bhīṣma e

Droṇa cui debbo onore e rispetto, o distruttore dei tuoi nemici?

5. Sarebbe meglio invero che mi astenessi dal colpire quei maestri assai venerabili, e mendicassi il cibo in questo mondo piuttosto che assaporare quaggiù cibi intrisi nel sangue, al prezzo dell'uccisione di quei maestri [anche se degradati] per desiderio delle ricchezze.

6. Né sappiamo da quale parte far pendere la bilancia: vincere o essere vinti da loro. Se uccidiamo questi figli di Dhṛtarāṣṭra qui levati contro di noi, non avremo più voglia di vivere!

7. Per colpa della mia compassione, il mio naturale valore si muta; con la mente dubbiosa su quello che tocca il mio dovere, io te lo chiedo: dimmi in modo sicuro quale sarebbe per me la cosa migliore. Sono tuo discepolo; istruiscimi, poiché mi rimetto a te.

8. Perché io non discerno che cosa potrebbe dissipare questa angoscia che dissecca le mie facoltà, anche se ottenessi la regalità incontrastata su questa terra, e persino la sovranità fra gli dèi.

Sañjaya disse:

9. Guḍākeśa, il tormento dei nemici, così parlò a Hṛṣīkeśa e, [sempre] rivolto a Govinda: «Io non combatterò» [disse] poi tacque.

10. O Bhārata, mentre egli si abbandonava alla disperazione nel mezzo dei due eserciti, Hṛṣīkeśa, abbozzando un sorriso, gli disse queste parole:

[Il Beato disse:]

11. Provando pietà per coloro che della pietà non sanno che farsene, tu parli il linguaggio della saggezza. Ma i dotti non si impietosiscono né per coloro che se ne sono [già] andati, né per coloro che non lo sono [ancora].

12. In verità, mai vi fu tempo in cui io non fossi, né tu, né questi capi di popoli; e, in seguito, non verrà quello in cui noi non saremo.

13. Come, in un dato corpo, infanzia, giovinezza, vecchiaia toccano in sorte [successivamente] a un'anima incorporata, così questa acquisisce [successivamente] altri corpi. Il saggio non si inganna su ciò.

14. Figlio di Kuntī, il contatto con i sensibili elementari procura le sensazioni di freddo e di caldo, di piacere e di dolore. O discendente di Bharata, accettale con pazienza: esse vanno, vengono, ma non durano.

15. L'uomo saldo, che esse non turbano, o toro fra gli uomini, e che sopporta con animo uguale dolore e piacere, è un saggio pronto per l'immortalità.

16. Il non-essere non accede all'esistenza, l'essere non cessa di esistere. La demarcazione fra questi due [dominii] è evidente per coloro che hanno l'intuizione della realtà.

17. Ora, riconosci come indistruttibile tutto ciò da cui quest'universo è nato. Di ciò che è immutabile nessuno potrebbe provocare la distruzione.

18. Questi corpi hanno una fine; lo spirito che vi si

incarna è eterno, indistruttibile, incommensurabile. Ecco ciò che si proclama. E perciò combatti, discendente di Bharata.

19. Colui che lo ritiene capace di uccidere e colui che lo crede colpito a morte non posseggono la vera conoscenza, nessuno dei due: non uccide; non viene ucciso.

20. Mai nasce, né muore; non è stato, non sarà di nuovo. Esso che è innato, necessario, eterno, primordiale, non lo si uccide quando si uccide il corpo.

21. La monade spirituale che lo riconosce come indistruttibile, necessario, innato, o figlio di Pṛthā, come e chi essa farebbe uccidere o ucciderebbe?

22. Alla maniera di un uomo che ha abbandonato le vesti usate e ne prende altre, nuove, l'anima incarnata, abbandonando il proprio corpo usato, si trasporta in altri che sono nuovi.

23. Le armi affilate non la tagliano, il fuoco non la brucia, l'acqua non la imbeve, né il vento la dissecca.

24. Non può essere tagliata, né bruciata, né imbevuta, né disseccata; necessaria, onnipresente, stabile, incrollabile, essa è eterna.

25. La si dice al di là delle apparenze, dei concetti e delle alterazioni. Perciò tu che sai queste cose non dovresti provare pietà per lei.

26. E anche se la credessi votata a [ri]nascere e a [ri]morire senza sosta, anche allora, o eroe dalle grandi braccia, non dovresti provare pietà per lei.

27. In verità, per chi è nato la morte è certa e certa la rinascita per chi è morto; dunque, per un fatto ineluttabile, non dovresti provare pietà.

28. O discendente di Bharata, gli esseri in divenire sfuggono alla nostra esperienza nel loro inizio; accessibili nel mezzo del loro corso, le sfuggono di nuovo alla fine. Così stando le cose, perché lamentarsi?

29. È un miracolo se qualcuno vede lo [Spirito], parimenti un miracolo se qualcun altro ne parla, un miracolo se un altro intende [la Parola che lo enuncia]; anche se la si è sentita enunciare, nessuno lo conosce.

30. Nel corpo di ciascuno, o discendente di Bharata, questo signore del corpo, incarnato, resta per sempre inaccessibile ai colpi mortali; così, per tutti gli esseri in divenire, non dovresti provare pietà.

31. E considera anche il tuo dovere di Stato: non dovresti, tremando, appartarti, poiché per l'uomo di guerra, secondo la legge sacra del suo Stato, non vi è bene superiore alla battaglia.

32. Per qualunque buona sorte si offra, essa è la porta che si apre sul cielo. Felici, o figlio di Pṛthā, i guerrieri cui tocca in sorte una tale battaglia!

33. Ma se non impegni questo giusto combattimento, rinunci al tuo dovere di Stato, all'onore e ti poni nel peccato.

34. E inoltre la gente narrerà il tuo imperituro disonore e, per un uomo rispettabile, il disonore è peggio della morte.

35. «La paura l'ha fatto ritirare dal combattimento» così penseranno di te i guerrieri dai grandi carri. Ti avevano in alta stima e tu incorrerai nel loro disprezzo.

36. Pieni di ostilità, diranno sul tuo conto molte frasi ingiuriose e denigreranno le tue capacità. Che cosa c'è di più penoso?

37. O, ucciso in combattimento, otterrai il cielo, oppure, vittorioso, godrai della vasta terra; dunque levati, risoluto al combattimento, figlio di Kuntī!

38. Considerando uguali piacere e dolore, profitto e perdita, vittoria e disfatta, raccogli le tue energie per il combattimento; così non patirai alcun male.

39. Quella che ti ho ora esposto, è la saggezza sul piano speculativo; ascolta ora questa saggezza sul piano pratico; se ne farai uso, ti sbarazzerai dei legami dell'atto.

40. In questa disciplina nessuno sforzo cominciato va perduto, nessun impedimento sopravviene; la pratica – fosse anche minima – di questa regola di vita salva da un grande pericolo.

41. O gioia dei Kuru, quaggiù l'intelligenza unificata è per sua natura propria alla decisione; in effetti, coloro che mancano di decisione hanno una intelligenza dispersa e non hanno uno scopo determinato.

42. In discorsi fioriti, o figlio di Pṛthā, gli uomini senza chiaroveggenza, sostenitori appassionati della lettera vedica, proclamano e vanno affermando: «Non v'è altro che abbia valore».

43. Il cuore saturo di desiderio, non mirano che alle gioie dei cieli; [il loro discorso] concerne solo una vita dedita ai godimenti, alla moltitudine di tutte le pratiche rituali, e che offre soltanto il frutto di questi atti: la rinascita.

44. Coloro che provano attaccamento per il godimento e per la potenza hanno il pensiero catturato da tale [linguaggio]; in loro l'intelligenza, benché per natura propria alla decisione, si mostra inadatta alla contemplazione equilibrata.

45. L'àmbito dei Veda è quello delle tre qualità, forze della natura. Affràncati, o Arjuna, da queste tre qualità e dalle coppie di opposti. Rimanendo senza sosta nella sola qualità luminosa, non attaccarti al possesso; sii te stesso.

46. Quanto profitto si trova in un pozzo allorché l'inondazione si estende dovunque, tanto ne trova nei Veda un brahmano arrivato alla saggezza.

47. Tu sei competente ad agire, ma non a godere del frutto dei tuoi atti. Non prendere mai come movente il frutto della tua azione; non provare attaccamento [neppure] per il non-agire.

48. Saldo in questa disciplina, fa' quello che devi fare, o Dhanaṃjaya, senza permetterti attaccamento alcuno, con [animo] uguale nel successo e nell'insuccesso. L'equanimità – ecco ciò che si chiama disciplina.

49. L'atto è di gran lunga inferiore al metodo della vigilanza spirituale, Dhanaṃjaya; cerca rifugio nella vigilanza dello spirito. Quanto a [coloro] che

hanno per movente dell'agire il frutto dell'azione, sono davvero da compiangere.

50. Chi pratica il metodo della vigilanza si disinteressa quaggiù di questi due [possibili fini dell'azione]: successo e insuccesso. Così, raccogli le tue energie e applicati a questa alta disciplina, questa disciplina che consiste nell'abile padronanza nel campo dell'azione.

51. Perché i saggi dediti al metodo di vigilanza, distaccati dal frutto degli atti, liberati dal legame delle rinascite, vanno al soggiorno senza dolore.

52. Allorché il tuo giudizio avrà attraversato il folto bosco dello smarrimento, tu ti distaccherai dai precetti del Veda che hai già udito o che potrai udire [in seguito].

53. Allorché il tuo giudizio, sollecitato in modo divergente dai precetti che i Veda fanno udire, si fisserà e si stabilizzerà, incrollabile nella concentrazione equilibrata, allora raggiungerai il possesso di questa alta disciplina.

Arjuna disse:

54. Quando si può dire che uno è saggio, saldo nella concentrazione equilibrata, Keśava? Di colui che è stabilito nell'Alto Pensiero, qual è il linguaggio? Lo star seduto e il muoversi?

Il Beato disse:

55. Quando si rinuncia a tutti i desideri che turbano il cuore e la mente, o figlio di Pṛthā, quando si è

appagati in se stessi e da se stessi, ecco quel che si dice «essere consolidato in saggezza».

56. La mente di un simile uomo non conosce apprensione nelle sofferenze; è libero da [ogni] attaccamento ai piaceri, affrancato dalla cupidigia, dal timore o dalla collera: tale è l'asceta che si dice «saldo nell'Alto Pensiero».

57. Colui che, distaccato da tutto, incontrando fortuna o sfortuna non prova né gioia né odio, ecco quegli che è «consolidato in saggezza».

58. E allorché tale uomo ritrae e raccoglie totalmente le sue facoltà sensoriali lontano dagli oggetti sensibili, come fa la tartaruga con le sue membra, è lui quegli che è «consolidato in saggezza».

59. Gli oggetti dei sensi si volgon via [fisicamente] dall'anima incarnata che rifiuta di nutrirsene, benché lascino dietro di sé la facoltà di assaporarli: [ma] questa cede a sua volta per chi ha visto il Supremo.

60. Perché per quanto l'uomo ispirato dalla saggezza si sforzi, i suoi sensi, che lo tormentano, ne trascinano a forza la mente.

61. Bisogna dunque padroneggiarli, raccogliendosi e mantenendosi nella disciplina [dello yoga] e badar solo a me. Colui che tiene i sensi in suo potere, è lui quegli che è «consolidato in saggezza».

62. L'uomo accorda continuamente il suo pensiero agli oggetti dei sensi; ne consegue che s'attacca ad essi. Dall'attaccamento nasce allo stesso tempo il desiderio; al desiderio si aggiunge la collera.

63. Dalla collera viene lo smarrimento completo. Dallo smarrimento, lo sconvolgimento della memoria; dal disordine della memoria, la rovina del giudizio e della decisione; dalla rovina del giudizio, la perdita dell'uomo.

64. Ma chi [si muove] fra gli oggetti sensibili, con le funzioni sensoriali sottratte all'amore come all'odio e [tenute] sotto il suo dominio, questi, anima disciplinata, accede alla serenità suprema.

65. Nella serenità tutti i dolori si annientano, perché il giudizio di un pensiero pacificato trova subito stabilità.

66. Tale giudizio superiore manca a chi non è raccolto grazie allo yoga. A costui viene a mancare anche la facoltà di compiersi nell'Assoluto. Per chi non si compie, non vi è quiete; senza quiete, donde può venire la felicità?

67. Perché, per la mente errante qua e là che segue la legge dei sensi, la loro foga prevale sulla saggezza, come fa il vento per una nave sulle acque.

68. Per questo, guerriero dalle grandi braccia, colui i cui sensi sono da ogni parte trattenuti lontano dagli oggetti sensibili, quegli è «consolidato in saggezza».

69. Quando per tutti gli esseri è notte, allora è sveglio l'asceta padrone di sé. Quando gli esseri sono svegli, è notte per il veggente silenzioso.

70. Come rimane [sempre] pieno e in limiti immutabili l'oceano dove tuttavia le acque non cessano di affluire, così colui nel quale sono rifluiti tutti i

desideri ottiene la pace suprema, non già colui che nutre desiderio su desiderio.

71. L'uomo che, abbandonando tutti i desideri, va e viene, libero da attaccamento, non dice più: «È mio», né «Io»; quegli accede alla pace.

72. Tale è, o figlio di Pṛthā lo stato del Brahman; chi l'ha raggiunto non si smarrisce più; chi sa mantenervisi, anche nell'ultima ora, attinge l'estinzione nel Brahman.

A proposito del titolo di questo canto, si pone il problema dei vari significati del termine *yoga*, anche all'interno della *Bhagavadgītā*. Yoga, derivato da YUJ, letteralmente «aggiogare», significa «giunzione», «unione». Tale significato ricompare, amplificato, quando si tratta di raggiungere l'Assoluto. Ma nel testo presente è talvolta un termine tecnico che designa quel sistema a base di pratiche psicosomatiche ch'è abitualmente associato al sāṃkhya, insieme di speculazioni che mirano alla liberazione per mezzo della conoscenza dei princìpi costitutivi del reale. In tale sistema si parla anche di «congiungere» tutte le attività – sensoriali e mentali – in modo da stabilizzare la mente, evitandole ogni dispersione.

Infine, nella *Gītā* troviamo comunemente questo termine usato nel senso di «disciplina», il cui fine ultimo resta sempre identico: la liberazione, o piuttosto, poiché siamo in atmosfera sāṃkhya-yoga, l'isolamento liberatore: *kaivalya*,

È in quest'ultimo significato che bisogna intenderlo nel titolo del canto II. L'unico modo di tradurlo è in effetti «disciplina speculativa», benché il contenuto del capitolo tratti delle due vie: quella della speculazione e quella della pratica. Si sarebbe quasi tentati di tradurre: «speculazione e pratica», perché in effetti si tratta, soprattutto verso la fine del canto, di una breve esposizione dei due metodi.

(4) La domanda di Arjuna deve essere intesa nella prospettiva così indiana del rispetto per il Maestro. Sia Bhīṣma sia Droṇa hanno formato Arjuna, come han formato anche i suoi fratelli e i Kaurava. Alzare la mano sul Maestro è una colpa grave, donde la ripugnanza del principe.

(7) Qui compare il termine *dharma* preso nel senso di «dovere religioso»; sarà precisato più avanti nell'espressione *svadharma*, caratteristica della morale della *Gītā*. Il *dovere* di cui si tratta è in realtà un dovere di casta, non un dovere individuale, nel senso in cui lo intenderemmo noi.

(12) Kṛṣṇa si pone immediatamente come l'Assoluto poiché sfugge al potere del tempo; egli afferma anche però – e seguendo la perfetta ortodossia upanishadica – che il suo interlocutore si identifica egualmente a tale Assoluto. Il versetto 13 offre del resto una teoria della trasmigrazione in accordo con le *Upaniṣad*, servendosi dell'immagine delle diverse età della vita attraverso le quali sussiste un essere, mutevole e identico a un tempo. La stessa idea è ripresa sotto altra forma al versetto 22.

Le sensazioni di cui parla il versetto 14 saranno designate più avanti con il termine generale di «coppie dei contrari».

A partire dal versetto 17 si succedono versetti che trattano dell'indistruttibilità e dell'immutabilità della monade spirituale, benché il termine *puruṣa* non venga ancora utilizzato e, nel versetto 22, quello *dehin*, «portatore di un corpo», evocherebbe piuttosto il *jīva*, l'anima individuale, quale si incontra, per esempio, nella *Śvetāśvatara*. I due testi devono essere press'a poco della medesima epoca e nell'*Upaniṣad* Puruṣa rappresenta piuttosto la Persona Suprema posta al di sopra di tutti i jīva. Del resto si ritrovano affermazioni e immagini che, nelle *Upaniṣad*, si riferiscono all'ātman. Tutte queste nozioni sono sempre molto vicine e la *Bhagavadgītā* è già un testo di sintesi.

A causa della trasmigrazione, tutti gli esseri, in realtà, sono in divenire (28). I versetti 31-33 sono una glossa del versetto 7; questa volta l'espressione *svadharma*, «dovere proprio», è bensì presente, ma tutto il passo prova che bisogna interpretarla nel senso di dovere di casta.

Il versetto 38 insiste sull'uguaglianza dello sguardo che il saggio deve posare sui diversi accadimenti dell'esistenza; a partire dal versetto seguente, il Beato intraprende l'esposizione della disciplina pratica, in opposizione alla saggezza speculativa. L'obiettivo di questa nuova tecnica è chiaramente indicato: sbarazzarsi del legame dell'atto. La *Gītā* qui va più lontano delle *Upaniṣad* che, per lo più, si accontentano di proclamare l'insufficienza dell'atto piuttosto che proporne esplicitamente una terapeutica. La conoscenza dell'ātman e della sua identità con il Brahman assicurano la liberazione, ma questi testi insistono molto meno di quanto faccia la *Gītā* sulla nocività essenziale dell'atto.

(41) La parola tradotta con *intelligenza* è *buddhi*, la prima cosa che evolve a partire dalla Natura originale nel sistema sāṃkhya; l'identità delle posizioni è attestata dal fatto che si attribuisce come funzione alla *buddhi* la decisione (*vyavasāya*), che è anche la sua caratteristica nel sāṃkhya classico.

I versetti 42 e 43 attaccano la «lettera vedica», cioè il sacrificio eseguito in vista di un bene qualunque: in questo caso il cielo, che è il cielo degli dèi, un luogo di godimento (*bhukti*), transitorio come gli dèi stessi.

(44) Il termine tradotto con *contemplazione equilibrata* è *samādhi*, lo stato di assorbimento contemplativo che è lo scopo di tutto lo yoga, la disciplina pratica della *Gītā*.

L'atmosfera sāṃkhya si precisa nei versetti successivi dove il Beato dichiara che i Veda sono in rapporto con l'ordine naturale, quello che deriva dai tre *guṇa*, princìpi, fattori o qualità della *prakṛti*, la Natura naturante. Ma il sāṃkhya di cui si tratta qui non è ancora il sāṃkhya classico – quello delle *Kārikā*. Nella presente prospettiva si può, in qualche modo, riassorbire *rajas* e *tamas* nella pura luce del *sattva*; tracce di una simile interpretazione si trovano negli *Yoga Sūtra* (I, 16).

I Veda hanno soltanto un valore preparatorio (46); una volta ottenuta la saggezza non si sa più che farne (*Muṇḍakopaniṣad*), e il versetto 47 precisa quello che sarà il grande insegnamento del Bhagavant: bisogna agire nel quadro dei propri doveri di casta, senza preoccuparsi del merito che si può ottenerne né, in generale, del profitto che potrebbero assicurare. Ma la dottrina è esplicita: non agire, per semplice rifiuto dell'azione, è mostrare attaccamento per il non-agire, dunque commettere un errore.

(51-52) La traduzione *metodo di vigilanza* mette in luce l'aspetto «intelligenza» della *buddhi*, termine che indica a un tempo l'acume del pensiero e il potere di prendere una decisione con conoscenza di causa: sotto tale aspetto, essa significa anche *giudizio*, traduzione che si è dovuta scegliere. *Manas* (56) che, nel contesto filosofico sāṃkhya rappresenta il senso interno, il senso comune che funziona in associazione con gli organi dei sensi, è usato comunemente nell'accezione più banale di cuore o di mente o piuttosto di cuore e mente insieme, quali noi li intendiamo nel linguaggio corrente: donde la traduzione doppia di un termine unico.

(58) Paragone frequente nel pensiero indiano; la *tartaruga* offre anche l'immagine dell'espansione e della ritrazione dell'universo al tempo delle creazioni e dei dissolvimenti, cioè – in contesto sāṃkhya – lo svolgersi e il riavvolgersi delle cose evolute le une nelle altre fino al Non-Manifestato iniziale.

(63) *Smṛti*, tradotto con *memoria*, significa anche «attenzione»; è il permanere di una specie di presenza mentale alle cose.

(69) Paragone che si incontra spesso nei testi dello yoga dove il giorno dello yogin si oppone al giorno della conoscenza mondana. La traduzione con *veggente* deriva qui dal bisogno di mettere in risalto l'opposizione fra lo stato di veglia e quello di sonno. Di fatto, il termine «veggente» rende piuttosto il sanscrito *ṛṣi*, i saggi originari che risalgono alla tradizione vedica. Qui, il termine sanscrito è *muni* che, in origine, designa una specie di asceta che ha fatto voto del silenzio.

(72) Lo stato di Brahman è il momento in cui ci si con-

fonde con il Brahman, identità che è una estinzione dell''Io' fittizio e, nello stesso tempo, di ogni individualità (come il termine *nirvāṇa* potrebbe lasciare intendere), ma con quella speciale colorazione che dà l'unione al dio personale annunciata dal Bhagavant nei canti successivi.

CANTO III

Arjuna disse:

1. Se stimi il giudizio superiore all'azione, o Janārdana, perché allora m'ingiungi di perpetrare atti orribili, o Keśava?

2. Con un discorso ch'è come intricato sembri voler gettare la confusione nel mio giudizio; parlami un linguaggio senza equivoci, determinando con chiarezza la via per la quale potrò raggiungere il vero Bene.

Il Beato Signore disse:

3. In questo mondo, te l'ho già detto, è lecito seguire una doppia vocazione, o eroe senza macchia: disciplina dei filosofi speculativi mediante il metodo della conoscenza [metafisica], disciplina dei praticanti [dello yoga] mediante il metodo dell'azione.

4. Non è soltanto astenendosi dall'agire che l'uomo accede alla libertà del non-agire; non è unica-

mente rinunziando che egli s'innalza alla perfezione.

5. Mai, in effetti, fosse anche per un solo istante, nessuno è rimasto senza compiere qualche azione; perché, suo malgrado, ciascuno è costretto a rendersi attivo sotto l'effetto dei fattori costitutivi della natura.

6. Benché tenga in scacco le proprie facoltà d'azione colui che, restando immobile, evoca mentalmente gli oggetti sensibili, si dice [a buon diritto] che la sua anima si smarrisce e che la sua condotta è falsa.

7. Ma colui che, padroneggiando i sensi mediante la mente, intraprende con distacco la pratica dello yoga dell'azione, mettendo in opera le proprie facoltà attive, quegli eccelle [fra gli asceti].

8. Quanto a te, compi le azioni prescritte, perché l'azione è superiore all'inazione e la tua vita corporale non potrebbe essere mantenuta senza che tu agisca.

9. A eccezione delle opere compiute per uno scopo sacrificale, l'azione è ciò che in questo mondo incatena. O figlio di Kuntī, in vista di tale scopo, libero da ogni attaccamento, sdebitati delle tue opere.

10. Un tempo Prajāpati produsse insieme le creature viventi e il sacrificio dicendo: «Per suo mezzo vi moltiplicherete; sia esso per voi [come] la Vacca d'abbondanza [che esaudisce tutti i desideri]».

11. Per suo mezzo, compite il benessere degli dèi e

compiano gli dèi il benessere vostro; tale servizio reciproco vi farà ottenere il bene supremo.

12. Perché gli dèi, mantenuti nel benessere mediante il sacrificio, vi daranno [a loro volta] le fruizioni che desiderate. Colui che gode delle soddisfazioni che essi gli procurano senza apportar loro prestazione alcuna non è che un ladro.

13. Gli uomini dabbene che si nutrono dei resti del sacrificio sono liberati da ogni contaminazione. Ma i malvagi che fanno cuocere il loro pasto solo per sé non mangiano che impurità.

14. Dal cibo procedono gli esseri, e dalla pioggia nasce il cibo. Dal sacrificio viene la pioggia; il sacrificio è generato dall'atto [rituale].

15. Sappi che gli atti rituali procedono dal sacro e che il sacro emana dall'Assoluto imperituro. Ne consegue che il sacro onnipresente è in special modo presente nel sacrificio.

16. Così gira la ruota [cosmica]. Colui che, quaggiù, non la fa girare a sua volta, conduce una vita empia e si compiace delle fruizioni sensibili, scorre invano la sua vita, o figlio di Pṛthā!

17. Ma per l'uomo che trova le sue delizie soltanto nel Sé, la sua soddisfazione nel Sé, il suo perfetto contentamento nel Sé, non si conosce nulla che resti da compiere.

18. Per lui, compiere una certa opera o astenersi da un'altra non ha più alcun senso né interesse personale. Fra tutti gli esseri nessuno gli serve da appoggio [per pervenire] al suo Fine [ultimo].

19. Per questo, senza attaccarti ad esse, non cessare mai di compiere le azioni prescritte. L'uomo che, distaccato, se ne sdebita raggiunge il Bene Sovrano.

20. È per mezzo dell'azione rituale che Janaka e altri saggi sono giunti alla perfezione. Anche a te si addice l'agire, avendo di mira soltanto l'integrità dell'universo.

21. Se i migliori si comportano in tal modo, gli altri fanno lo stesso; l'esempio che essi danno è imitato dal resto della gente.

22. Non vi è nei tre mondi, o figlio di Pṛthā, nulla che io debba o abbia bisogno di fare, nulla da ottenere che io non possegga già. Tuttavia io non cesso di agire.

23. In verità, se io non fossi instancabilmente impegnato nell'azione, figlio di Pṛthā, da ogni parte gli uomini si impegnerebbero, seguendomi, nella [mia] stessa strada.

24. Se non compissi la mia opera, i mondi sprofonderebbero. Sarei io la causa della confusione universale e annienterei queste creature.

25. Gli ignoranti agiscono per attaccamento all'atto, o discendente di Bharata; anche il saggio deve agire; ma senza attaccamento, mirando solo all'integrità dell'universo.

26. Il saggio non deve turbare lo spirito degli ignoranti che obbediscono al proprio attaccamento agli atti. Deve al contrario favorire tutte le azioni [lodevoli], comportandosi però secondo le regole dello yoga.

27. È attraverso l'attività delle qualità costitutive della natura che in ogni occasione si compiono gli atti. Ma se si lascia confondere dal me fittizio, l'anima pensa di esserne lei l'agente.

28. Tuttavia, guerriero dalle grandi braccia, colui che conosce la doppia serie delle qualità costitutive e degli atti si rende conto che si tratta semplicemente di una azione delle qualità sulle qualità; di conseguenza, egli non [vi] si attacca.

29. Sviati dalle qualità della natura, gli uomini comuni s'attaccano alle attività di tali qualità. Deboli, non hanno della verità che una conoscenza parziale; colui che conosce la verità totale non deve turbarli.

30. Dedicandomi ogni [tua] azione, con mente perfettamente interiorizzata, libero da ogni desiderio come da ogni spirito di possesso, calmata la tua febbre, combatti.

31. Gli uomini che, indefettibilmente, con fede e senza mormorare, mettono in pratica questa mia dottrina, anch'essi sono liberati dagli atti.

32. Quelli che, al contrario, ribellandosi contro di essa, non mettono in pratica la mia dottrina, considerali distolti da ogni saggezza, perduti, incoscienti.

33. Il saggio agisce egli stesso conformemente alla natura che gli è propria; gli esseri tornano [sempre] al loro stato naturale; che potrebbe farci la coercizione?

34. Ciascuno dei sensi prova un'attrazione o un'avversione immutabilmente determinata per questo o

quell'oggetto sensibile; nessuno deve porsi in balìa di questi due [impulsi]; perché sono essi le pietre d'inciampo sulla strada di tutti.

35. Meglio sdebitarsi – anche mediocremente – del proprio dovere di Stato, piuttosto che d'obblighi estranei, fosse anche alla perfezione. È preferibile morire eseguendo il proprio dovere di Stato; gli obblighi estranei sono portatori di pericolo.

Arjuna disse:

36. Allora da quale fattore spinto, o discendente di Vṛṣṇi, l'uomo commette il male, come sotto l'ingiunzione di una forza coattiva?

Il Beato Signore disse:

37. È la cupidigia, è la collera, nate dal fattore passionale, il Grande Vorace, il Grande Malfattore. Sappi che in questo caso il nemico è lui.

38. Come il fuoco è velato dal fumo e uno specchio dalla polvere, come l'embrione è ricoperto dalla sua membrana, così da lui il principio spirituale.

39. La conoscenza è velata da questo eterno nemico dell'anima conoscente, fuoco insaziabile e che prende la forma del desiderio, o figlio di Kuntī.

40. Le facoltà sensibili, la facoltà mentale e intellettuale costituiscono, si dice, la sua sede. Per loro mediazione, egli avviluppa l'anima incarnata e ne soffoca il giudizio.

41. Perciò in ciò che ti concerne, o discendente di Bharata, padroneggiando dapprima le tue facoltà

sensibili, devi distruggere questo maligno, distruttore della scienza e della saggezza.

42. Si dice che i sensi trascendano gli oggetti sensibili, che la facoltà mentale trascenda i sensi, che la facoltà intellettuale trascenda la facoltà mentale. Ma colui che è al di là della facoltà intellettuale, è esso.

43. Conoscendo mediante ciò che supera la facoltà intellettuale, rinsaldando il Sé con il Sé, guerriero dalle grandi braccia, distruggi questo nemico che porta i colpi del desiderio e la cui vicinanza è pericolosa.

Questo canto, se ci si riferisce al titolo, tratta del *Karmayoga,* yoga dell'azione, o piuttosto senza spinger troppo in senso tecnico «disciplina dell'azione», in contrasto con la dottrina speculativa del canto precedente, benché, a dire il vero, anche qui si discuta di una via come dell'altra.

Nei primi due versetti Arjuna pone il dilemma sollevato dalle ultime affermazioni del Bhagavant nel canto II: giudizio o azione? Quale prevarrà nella ricerca del bene ultimo? Come Arjuna, saremmo tentati di esitare tra le diverse prescrizioni di Kṛṣṇa.

Ed è allora ch'egli indica, al versetto 3, che queste due vie sono uguali: quella della speculazione (sāṃkhya) e quella dell'atto (yoga). Il versetto 4 riprende in forma diversa l'affermazione di II, 47. Spiega, infatti, che l'azione è inseparabile dalla vita. E lo stabilisce nella prospettiva sāṃkhya, dicendo che è l'effetto necessario dell'evoluzione dei *guṇa,* le tre qualità costitutive della natura che rimangono in equilibrio finché la natura resta nello stato inevoluto, ma cominciano a interagire allorché la vicinanza di un principio spirituale che le attira magneticamente rompe tale equilibrio. Il Beato sottolinea per altro (6) che lasciar errare il pensiero sugli oggetti sensibili, anche astenendosi dall'agire, non è la vera rinunzia, la quale è essenzialmente interiore.

Il versetto 7 sembra alludere direttamente allo yoga in quanto tecnica (*Yoga Sūtra*, cap. II). Il versetto 9 – ripreso nei versetti 19-21 – accorda agli atti sacrificali una posizione privilegiata nell'ambito dell'azione: eseguiti senza il desiderio dei loro frutti, non lasciano alcuna traccia che predisponga alle rinascite. Il versetto seguente (10) si riferisce alla creazione originale di Prajāpati, il demiurgo: creazione doppia in cui il sacrificio e le creature si sostengono a vicenda. Tutto questo passo indica come ci si trovi in presenza di un testo epico e non di speculazioni articolate, perché, di nuovo, la nozione di godimento (*bhukti*), per esempio, viene qui introdotta in mezzo a considerazioni sulla liberazione. Trova posto qui anche l'idea arcaica che il sacrificio serva agli dèi; si ritiene che sia loro dovuto nella misura in cui l'esistenza procura all'essere umano – grazie alla loro protezione – un certo numero di vantaggi. Nella stessa linea ritroviamo spesso altre affermazioni, in particolare in alcuni passi del *Mahābhārata*: è importante abbandonare questo mondo *anṛṇa* (senza debiti); così lasciare un figlio affinché continui la stirpe e celebri i riti ai mani è il modo di affrancarsi dal debito verso i propri ascendenti che contraiamo nascendo.

Molto spesso nei sacrifici i resti delle offerte sono distribuiti agli astanti. Il versetto 13 sembra significare che l'unico cibo preparato lecito è questo cibo di comunione.

Il ciclo descritto nel versetto 14 è preso direttamente dalle *Upaniṣad*. Il termine tradotto con *sacro* nel versetto 15 è *brahman*, parola difficile da circoscrivere a causa appunto della sua ricchezza. Perché essa designa la parola sacrificale efficiente, così come colui che la conosce ed è idoneo a pronunciarla; e perché inoltre questa formula è onnipotente – energia universale –, è il Tutto da cui tutto deriva; perché la sua origine è sacrificale, esso è sacro, anzi è «il sacro», «l'imperituro». *Imperituro*, qui, come nelle *Upaniṣad*, è *akṣara*, termine che designa anche la sillaba, unità indistruttibile del linguaggio (cfr. *Upaniṣad, passim*), e in particolare la sillaba OM; benché questa non sia nominata esplicitamente, il passo ci riporta nell'ambito della parola.

Il versetto 16, sembra imporre a ciascuno il dovere di continuare ad attivare la *ruota cosmica*, concetto ch'è sia vedico che upanishadico; è sottinteso che ciò avviene per mezzo dei sacrifici, garanti dell'ordine cosmico.

Il versetto 17 introduce il Sé (*āman*), quale ci è noto dalle *Upaniṣad*. Nei versetti 22-25 è sottolineata l'importanza universale dell'attività del Bhagavant. L'Assoluto è l'Onniefficiente, come era il Brahman; solamente è personificato.

(20) *Janaka*, re di Videha, era il padre di Sītā, la sposa di Rāma. Noto per la sua sapienza e santità, favoriva le discussioni teologiche tra brahmani. Yājñavalkya fungeva da cappellano e da consigliere per lui.

Il versetto 25 ricorda a sua volta l'antica credenza vedica nel sacrificio come puntello del mondo che gli permette di sussistere; sacrificio, aggiunge il Bhagavant, che deve essere eseguito senza attaccarvisi. Tuttavia, specifica il versetto 26, non bisogna turbare gli ignoranti che mostrano di provare per esso qualche attaccamento: l'importante è che lo eseguano. Il sacrificio conserva comechessia un valore preparatorio che permetterà loro, in un'esistenza futura, di rinascere in condizione di capire e di andare oltre. Per il momento il peso del *karman* che grava su di loro renderebbe inefficace il dubbio che il saggio potrebbe seminare in loro e rischierebbe di allontanarli da tali opere di per sé buone. Quanto al saggio, è tenuto a compiere determinati atti perché deve *osservare le regole dello yoga*; probabilmente qui in senso tecnico.

Nei versetti 27-29 troviamo un primo abbozzo dell'azione dei *guṇa*, i soli agenti dell'attività; l'*ātman* (che qui ha il ruolo del Puruṣa del sāṃkhya) non può senza errore immaginarsi intento ad agire o avente agito. Per *guṇa* si preferirà qui la traduzione *qualità* – che sarà ripresa a partire dal canto XIV – a quella di «fattori» o «agenti», ma non bisogna mai perdere di vista che queste qualità sono dotate di attività e che, in quanto tali, sono parti integranti dell'evoluzione della *prakṛti*. Il *me fittizio* è ciò che traduco nel sistema sāṃkhya con «principio di individuazione» (*ahaṃkāra*). Del resto, è l'Io fittizio allo stesso titolo del «me». Lo studio (*svādhyāya*) è anche il recitare per se stessi i testi sacri.

Il versetto 29 riprende il tema del 26: «colui che sa non deve turbare l'ignorante». I versetti 30-33 danno l'insegnamento del Bhagavant sul vero distacco dall'atto, il quale non consiste nel non-agire, ma nel dedicare tutte le proprie azioni al Signore. Così la rinunzia non è soltanto negativa, ma assume anzi un valore positivo.

Le *Upaniṣad* indicano spesso la corrispondenza di ciascuno dei sensi al proprio oggetto sensibile ma non l'idea di una avversione specifica. In ogni modo il Bhagavant ordina di disgiungere l'azione da qualsiasi moto affettivo – idea che sarà ripresa nei versetti 37 e 43.

Il versetto 35 proclama la dottrina dello *svadharma, dovere proprio* di ogni essere, fondamento della dottrina insegnata dalla *Gītā*.

Nel versetto 36 Arjuna pone il problema del male sul piano psicologico; è su questo piano, per altro, che l'India in genere pone il problema... essendo il male metafisico funzione del *karman*, cioè, in definitiva, del male psicologico. La risposta del Bhagavant è, in certo modo, analoga a quella che darebbe il buddhismo: sono il desiderio – e la collera – i promotori di ogni male. Ma, ciò ch'è peculiare dell'atmosfera sāṃkhya della *Gītā*, il grande responsabile è il fattore passionale, cioè *rajas*, il secondo *guṇa*, quello che intorbida la pura luce del *sattva*. *Principio spirituale* (38) rende qui il pronome neutro «ciò» (*idam*), che evoca per noi l'atmosfera upanishadica.

Dal versetto 39 alla fine del canto si trova un'esposizione del sāṃkhya, che però non assomiglia in tutto e per tutto a ciò che il sāṃkhya sarà nell'epoca delle formulazioni sistematiche dette *darśana*. Infatti, se qui si nomina la facoltà mentale (*manas*) e quella intellettuale (*buddhi*), non si tratta però del principio di individuazione (*ahaṃkāra*), che nelle liste classiche si pone tra *manas* e *buddhi.* Il versetto 42 ricorda la *Kaṭhopaniṣad* (III, 10-11 e VI, 7-8), che a sua volta nominava l'*ahaṃkāra.*

Si nota lungo tutto questo canto la composizione piuttosto sconnessa, che giustappone elementi eterocliti, proprio come la praticavano le *Upaniṣad.* La stessa osservazione vale, del resto, per la maggior parte degli altri canti.

CANTO IV

Il Beato Signore disse:

1. Questa disciplina immutabile a Vivasvant io l'ho annunciata; Vivasvant l'ha esposta a Manu, Manu l'ha detta a Ikṣvāku.

2. I Saggi ispirati di stirpe regale, ricevutala attraverso una tradizione ininterrotta l'hanno appresa. A lungo andare tale disciplina, quaggiù, si è perduta.

3. È appunto questa disciplina antica che io ti ho insegnato oggi. Tu sei mio fedele adoratore e mio amico; tale è il supremo segreto.

Arjuna disse:

4. La vostra nascita è recente, antica quella di Vivasvant. Come posso capire che tu abbia annunciato questa dottrina all'inizio [dei tempi]?

Il Beato Signore disse:

5. Numerose sono le mie nascite passate e anche le tue, Arjuna; io le conosco tutte; tu, invece, non le conosci, o tormento dei tuoi nemici!

6. Benché io non sia soggetto a nascere [poiché] la mia essenza è immutabile, benché io sia il Signore degli esseri [venuti all'esistenza], usando della mia propria natura vengo all'esistenza per mio potere magico.

7. Infatti, ogni volta che l'ordine viene meno, o discendente di Bharata, e che il disordine prevale, allora appunto, io stesso produco me stesso.

8. Per la protezione dei buoni e la distruzione dei malvagi, per ristabilire l'ordine, di età in età, io vengo all'esistenza.

9. La mia nascita e la mia azione sono divine. Colui che veramente conosce così, abbandonando il proprio corpo non rischia di rinascere, ma viene a me, o Arjuna.

10. Molti, affrancati dal desiderio appassionato, dal timore e dalla collera, consustanziali a me, non avendo rifugio e appoggio che in me, purificati dalla conoscenza e dalle austerità, accedono alla mia propria condizione.

11. Nello stesso modo con cui si avvicinano a me io li rendo partecipi, o figlio di Pṛthā; gli uomini, da qualsiasi orizzonte provengano, finiscono per seguire la mia via.

12. Coloro che aspirano al successo [promesso] ai

riti sacrificano quaggiù alle divinità [minori]. Perché nel mondo degli uomini è immediato il successo [ottenuto] per mezzo dei riti.

13. Ho emanato le quattro caste, ciascuna col suo dosaggio particolare di qualità dinamiche e di attività. Sappi che, pur essendo il loro autore, rimango al di sopra dell'azione e del mutamento.

14. Le mie azioni non mi contaminano, [perché] non desidero il loro frutto. Chi mi riconosce tale non è legato dalle proprie azioni.

15. Armati di una simile conoscenza, gli Antichi [desiderosi tuttavia di raggiungere la liberazione] hanno compiuto i riti. Così dunque anche tu assolvi i compiti che gli Antichi hanno compiuto [un tempo].

16. Che cos'è [dunque] l'agire? Che cosa il non-agire? Anche i Saggi ispirati si sono confusi su questo punto. Per te io mi accingo ad esporre quell'azione che, una volta conosciuta, ti libererà da [ogni] impurità.

17. Bisogna badarvi dal punto di vista dell'azione stessa, dal punto di vista dell'azione che devia, dal punto di vista del non-agire. Imperituro è il cammino dell'azione.

18. Colui che sa vedere nell'agire il non-agire e nel non-agire l'azione, questi fra tutti gli uomini possiede la vigilanza della mente, quegli è unificato nello yoga, quegli assolve tutti i suoi compiti.

19. Quegli tutte le imprese del quale sono affrancate dal desiderio e da progetti [interessati], è lui

che chiama saggio la gente avveduta, quegli il cui agire è bruciato dal fuoco della conoscenza.

20. Abbandonando ogni attaccamento al frutto dell'atto, eternamente soddisfatto, non cercando alcun appoggio [esterno], anche se si impegna nell'azione, non «fa» assolutamente nulla.

21. Non domandando né aspettando nulla, padrone della propria mente e di tutta la propria persona, poiché ha rinunciato a ogni appropriazione e non compie atti se non corporalmente, non cade in errore alcuno.

22. Soddisfatto di quanto riceve per caso, avendo superato le coppie dei contrari, esente da egoismo, sempre uguale nel successo come nell'insuccesso, anche se agisce non è legato.

23. Quando ogni attaccamento se ne è andato, ed egli è affrancato da ogni legame, e la sua mente è stabilita nella conoscenza [liberatrice] ed egli agisce in vista soltanto del sacrificio, tutto intero il suo atto si dissolve.

24. Il Brahman è il suo atto oblatorio, il Brahman la sua oblazione versata dal brahmán nel fuoco che è Brahman. Deve certo andare al Brahman colui che si concentra sull'atto sacrificale che è Brahman.

25. Tra coloro che praticano lo yoga, alcuni onorano soltanto il sacrificio rivolto agli dèi; altri, nel fuoco che è Brahman, offrono il sacrificio mediante il [solo] sacrificio.

26. Altri offrono in oblazione nel fuoco della padronanza dei sensi le facoltà sensibili, udito e così

via; altri gli oggetti sensibili, suono e così via, nei fuochi che sono le facoltà sensibili.

27. Altri offrono in libagione tutte le attività sensoriali e quelle dei soffi vitali in quel fuoco acceso dalla conoscenza che è la padronanza di sé.

28. Altri offrono il sacrificio dei propri beni materiali; altri, similmente, quello della disciplina pratica; altri quello dello studio e della conoscenza: tutti sono asceti fermi nelle loro pratiche ascetiche.

29. Altri, parimenti, offrono il soffio inspirato nel soffio espirato e il soffio espirato nel soffio inspirato, mediante inibizione del processo di inspirazione e di espirazione; loro principale intenzione è ottenere la perfetta padronanza dei propri soffi vitali.

30. Altri si impongono una regola severa del vitto e così sacrificano [anch'essi] le loro funzioni vitali nelle loro funzioni vitali. Tutti questi asceti sono esperti nel sacrificio e liberati dalle [loro] impurità mediante il sacrificio.

31. Consumando l'ambrosia che sono i resti del sacrificio, essi vanno all'eterno Brahman. Chi non sacrifica non ha diritto alcuno su questo mondo. Come potrebbe averne sull'altro, o migliore dei Kuru?

32. Così sacrifici di molteplici varietà sono dispiegati nella bocca del Brahman. Sappi che tutti procedono dall'atto. Sapendo questo, sarai liberato.

33. Il sacrificio spirituale della conoscenza è migliore del sacrificio materiale, o tormento dei tuoi nemici. Ogni azione, senza eccezione, è contenuta nella conoscenza, figlio di Pṛthā.

34. Sappilo: [se] ti prosterni davanti a loro, se li interroghi e li servi, i Saggi che conoscono intuitivamente la realtà ti insegneranno [la via] della conoscenza.

35. Quando la conoscerai, non ricadrai più nello smarrimento, figlio di Pāṇḍu; mediante questa [conoscenza] tu vedrai tutti gli esseri, tutti, senza eccezione, nel Sé, cioè in me.

36. Anche se tu fossi un criminale tra i criminali, attraverseresti ogni miseria sul vascello della conoscenza.

37. Come il fuoco acceso riduce in cenere il combustibile, così, o Arjuna, il fuoco della conoscenza riduce in cenere tutti gli atti.

38. Perché non esiste in questo mondo alcuna purificazione pari alla conoscenza. Colui che è perfettamente compiuto nello yoga, col tempo la scopre spontaneamente in se stesso.

39. Chi ha la fede raccoglie la conoscenza, se è teso verso di essa e se le sue facoltà sensibili sono padroneggiate. Avendo ottenuto la conoscenza, accede presto alla pace suprema.

40. Chi non possiede né la conoscenza né la fede, [e] il cui essere è in preda al dubbio, quegli si perde. Né questo mondo, né l'altro, né la felicità sono per l'essere che si abbandona al dubbio.

41. Chi mediante [la pratica dello] yoga ha rinunciato all'azione, chi mediante la conoscenza ha reciso i suoi dubbi, chi padroneggia se stesso, non l'incatenano gli atti, Dhanaṃjaya.

42. Così dunque, con la spada della tua propria conoscenza, tronca questo dubbio nato dall'ignoranza che risiede nel tuo cuore, fai ricorso allo yoga, disciplina pratica: in piedi, o discendente di Bharata!

Il titolo di questo canto è *Lode del sacrificio brahmanico*; esso riprende i temi del canto III, a proposito del sacrificio, ma vi introduce l'idea del sacrificio interiorizzato, del sacrificio-conoscenza che riconduce alla prospettiva upanishadica.

(1) *Vivasvant*, «il Brillante» è uno dei nomi del dio sole Sūrya; l'epiteto è talvolta applicato al firmamento. Questo Manu appartiene alla lista dei quattordici Manu, progenitori mitici dell'umanità che, inoltre, a ogni alba del mondo – dopo le distruzioni periodiche – promulgano le leggi destinate a reggere quella umanità. Un'età del mondo si chiama *Manvantara* (periodo di Manu). Il primo Manu, quello dell'origine, si chiamava *Svāyambhū*, «figlio di colui che esiste di per sé». Il Manu dell'età attuale è il figlio del sole Vivasvant; è di casta kṣatriya; ha avuto nove figli, la cui lista varia, ma uno dei quali figura in ogni lista, ed è Ikṣvāku, fondatore della stirpe solare la cui sede è Ayodhyā, mentre quella della stirpe lunare è Hastināpura.

(2) I *Saggi ispirati* sono i *ṛṣi*; di questi, i sette *ṛṣi* originari – la cui lista è variabile – sono di casta brahmanica (*brahmarṣi*); da loro traggono origine le varie prosapie (*gotra*) di brahmani. Li si dice nati dal cervello di Brahmā; sono i Prajāpati – i procreatori. Accanto a questi grandi *ṛṣi*, ve ne sono molti altri di minore importanza. Si citano d'altronde i *rājarṣi*, *ṛṣi* della casta kṣatriya; appunto di essi si tratta qui. Tali *ṛṣi* di lignaggio principesco hanno meritato, con una vita santa sulla terra, di essere

elevati, in quanto semidèi, al paradiso di Indra, il capo dei trentatré dèi del pantheon tradizionale.

(5) Il Bhagavant ricorda ad Arjuna la moltitudine delle sue nascite anteriori; quanto alle nascite – o manifestazioni – di Kṛṣṇa, esse hanno in comune con le nascite anteriori del Buddha il fatto che egli le conosce tutte, mentre l'uomo ordinario ignora le proprie esistenze antecedenti.

Nei versetti 6-9, il Signore espone la dottrina degli *avatāra*; non ci possono esser dubbi: le sue nascite nel mondo umano non hanno nulla di obbligatorio; si tratta di una libera scelta, in vista del bene dell'universo, *ogni volta che l'ordine viene meno* (7). La *mia propria natura* (6), è la *prakṛti* sulla quale Kṛṣṇa afferma così il suo dominio; quanto al *potere magico*, il termine sanscrito è *māyā*, che la letteratura vedantica posteriore prenderà nel significato di illusione; ma qui, come nella *Śvetāśvataropaniṣad*, il termine rappresenta la potenza creatrice del dio, magica, sì, ma reale e produttrice di realtà. L'*ordine* è il *dharma*, legge cosmica e morale a un tempo che è sottesa al mondo – ogni oggetto ha il suo fascino fisico particolare e parimenti ogni essere umano ha il suo *svadharma* (cfr. III, 35).

Si noti, al versetto 9, la formula ripresa dalle *Upaniṣad*: *colui che veramente conosce così.*

(12) Le *divinità minori* sono, in realtà, tutti gli dèi che non sono il Bhagavant; essi esaudiscono i desideri materiali di coloro che rendono loro omaggio.

(13) *Emanato*, perché ogni creazione indiana è una emanazione. In questa dichiarazione: *Io ho emanato le quattro caste*, si trova come una eco dell'antico Puruṣa, il Puruṣa cosmico dal quale sono uscite le caste. Affermazione essenziale: l'atto compiuto dal Bhagavant non lo modifica in alcun modo: egli è immutabile.

Il versetto 14 riproduce una antica idea upanishadica: si diviene simili a ciò che si conosce; la conoscenza perfetta è un modo di identificazione.

(16-17) I *Saggi ispirati* non sono i *ṛṣi* ma i *kavi*, i poeti. Il Bhagavant insiste su ciò che è l'essenza, l'originalità e anche la difficoltà del suo insegnamento: quella distinzione tra l'agire e il non-agire riguardo alla quale Arjuna, all'inizio del secondo canto, confessava già la sua perplessità. In realtà, agire e non-agire sono identici dal punto di vista dell'Assoluto, che è al di là dell'uno e dell'altro. Ciò è esplicitato nei versetti 18-22. Nel versetto 18, *vigilanza della mente* traduce di nuovo *buddhi*.

Solo a partire dal versetto 23 si sviluppa la lode del sacrificio annunciata dal titolo del capitolo. Il Bhagavant enumera i diversi tipi di sacrificio per dilungarsi, dal versetto 32 alla fine del canto, sul sacrificio della conoscenza, il migliore di tutti.

Nel versetto 24 è ripreso il tema di III, 15, che da una parte esplicita la moltitudine dei significati che la parola *brahman* comprende e, dall'altra, si ricollega all'affermazione ripetuta delle *Upaniṣad*: il Brahman è il Tutto.

Nel versetto 25 la preferenza di Kṛṣṇa va nettamente a coloro che offrono il sacrificio mediante il solo sacrificio (cfr. III, 25), cioè senza uno scopo interessato. Non bisogna perdere di vista la specificazione *tra coloro che praticano lo yoga*. Si constaterà che molti dei sacrifici menzionati sono sacrifici mentali (26-29); quanto al versetto 29, tratta in particolare dello yogin che pratica il controllo del soffio ed è proprio tale controllo del soffio che viene offerto in sacrificio (cfr. *Yoga Sūtra*, II, 50); vi si fa allusione anche a numerosi passi delle *Upaniṣad*.

L'eccellenza dei *resti del sacrificio* in quanto cibo è proclamata di nuovo nel versetto 31. In questo stesso versetto è attestata la stretta correlazione che esiste tra il mondo e le regole sacrificali.

L'immagine dei sacrifici *dispiegati nella bocca del Brahman* si incontra anche nelle *Upaniṣad* (32).

A partire dal versetto 33 si dice e si ripete che la conoscenza implica tutti gli altri tipi di sacrificio: *ogni azione, senza eccezione, è contenuta nella conoscenza*, il che evoca, a un altro livello, il riassorbimento del *rajas*-attività nel *sattva*-principio di luce e principio dell'intelligibile... il che è una teoria del sāṃkhya preclassico.

(34) I *Saggi* rappresentano qui solo coloro che sono provvisti di conoscenza; *conoscenza* qui è la traduzione di *jñāna*, ch'è conoscenza tradizionale più che intuizione immediata della Verità.

(40) *Śraddhā*, di cui si parla, era nel periodo anteriore la fede nell'efficacia del sacrificio; probabilmente qui è fede nell'efficacia dello yoga – nel senso tecnico del termine.

CANTO V

Arjuna disse:

1. O Kṛṣṇa, tu glorifichi la rinunzia agli atti e poi la disciplina dell'azione. Dei due, qual è il partito migliore, e quello solo, dimmelo con perfetta certezza.

Il Beato Signore disse:

2. La rinunzia e la disciplina dell'azione procurano entrambe il bene sovrano. Ma, tra le due, la disciplina dell'azione prevale sulla rinunzia agli atti.

3. Va riconosciuto rinunziante perpetuo colui che [attivo o no] non odia né desidera. Chi ha superato le coppie dei contrari, guerriero dalle grandi braccia, si libera facilmente, infatti, dal legame [delle rinascite].

4. Sono le persone puerili, non i sapienti, a professare la separazione [assoluta] della disciplina speculativa e della disciplina pratica. Anche dedicando-

si a una sola, si ottiene con pienezza il frutto di entrambe.

5. Lo stato cui accedono gli adepti della disciplina speculativa è quello stesso cui pervengono gli adepti della disciplina pratica. Colui che considera come una sola le discipline speculativa e pratica, quegli vede giusto.

6. Ma la rinunzia è difficile da attingere senza lo yoga, disciplina dell'azione disinteressata. L'asceta le cui energie sono concentrate per mezzo di tale disciplina non tarda a raggiungere il Brahman.

7. Quando si è unificati mediante la disciplina unitiva, l'anima purificata, le facoltà sensibili padroneggiate, quando si è identificata la propria anima con l'anima universale, anche se si agisce non si è contaminati.

8. «In realtà io non compio alcun atto» ecco che cosa pensa l'asceta unificato che conosce la realtà, mentre ode, tocca, sente, mangia, dorme, respira.

9. Parla, lascia sfuggire o afferra, apri o chiudi gli occhi, ma conserva sempre la mente fissa su questa massima: sono i sensi che operano sugli oggetti sensibili.

10. Colui che, deponendo i propri atti nel Brahman, abbandona ogni attaccamento, quando agisce non è toccato dal male più di quanto non lo sia la foglia di loto dall'acqua.

11. Che sia mediante il corpo, il senso interno o l'intelligenza, gli yogin – adepti della disciplina pra-

tica –, abbandonato ogni attaccamento, compiono le loro opere per la purificazione del loro Sé.

12. L'asceta unificato dalla disciplina, abbandonando il frutto dell'atto, ottiene la pace definitiva; colui che non è unificato, attaccato al frutto a causa del desiderio, resta legato.

13. Rinunciando mentalmente a ogni azione, l'anima incarnata, padrona di sé, sta felice nella fortezza dalle nove porte senza «agire» né «fare agire».

14. Il Signore del mondo non produce né lo stato di agente, né gli atti, né il legame tra gli atti e i loro frutti. Ma è la spontaneità [della natura] a operare.

15. Il [Signore] onnipresente non assume né la cattiva né la buona azione di alcuno. [Ma] è la non-conoscenza che ricopre la conoscenza a far sì che la gente si smarrisca.

16. E a coloro per cui la conoscenza distrugge la non-conoscenza, la conoscenza, simile a un sole, illumina la realtà suprema.

17. Tesi verso di essa con mente vigile, identificandosi a essa, assorbiti in essa, avendo in essa il proprio fine ultimo, arrivano allo stato da cui non vi è più ritorno [perché] grazie alla conoscenza hanno scrollato da sé [tutte] le loro impurità.

18. Il brahmano perfettamente dotato di saggezza e di virtù, la vacca, l'elefante, il cane, il miserabile che fa cuocere carne di cane, su tutti i Saggi posano uno sguardo equanime.

19. Anche quaggiù, la condizione di creatura [destinata a rinascere] è superata da coloro che hanno la mente concentrata in uno stato di eguaglianza. Perché il Brahman è senza difetti e [sempre] uguale; sicché è nel Brahman ch'essi sono fissati.

20. Il [Saggio] non saprebbe rallegrarsi in una congiuntura gradevole né spaventarsi, agitandosi, in una congiuntura sgradevole. Con la mente resa ferma, esente da confusione, colui che conosce il Brahman è stabilito nel Brahman.

21. Col cuore libero dall'attaccamento ai contatti esterni, egli trova in se stesso quella che è la sua vera felicità. Con l'anima unificata nell'unione col Brahman, egli gioisce di una felicità imperitura.

22. I piaceri nati da contatti esterni, in verità, generano la sofferenza, perché, o figlio di Kuntī, hanno un inizio e una fine. L'uomo avveduto non prende in essi la propria gioia.

23. Colui che è capace quaggiù, quando ancora non è liberato dal proprio corpo, di resistere al desiderio veemente e alla collera è un uomo unificato, un uomo felice.

24. Colui la cui felicità, gioia e luce altresì [risiedono] in lui stesso, quell'asceta, identificato col Brahman, accede alla pacificazione nel Brahman.

25. Ottengono l'estinzione nel Brahman i Saggi ispirati che hanno cancellato le proprie impurità, troncato la dualità e che, padroni di se stessi, si compiacciono del bene di tutti gli esseri.

26. Agli asceti distaccati dal desiderio e dalla colle-

ra, la cui mente è padroneggiata e che hanno la conoscenza del Sé, si offre l'estinzione nel Brahman.

27-28. Respingendo al di fuori ogni contatto esterno, fissando la propria energia visiva tra le due sopracciglia, rendendo eguali le inspirazioni e le espirazioni che passano all'interno del naso, padrone delle proprie facoltà sensibili, delle proprie facoltà mentale e intellettuale, il Saggio, teso verso la liberazione, suo fine ultimo, è distaccato dal desiderio, dal timore e dalla collera; è libero per sempre.

29. [Ri]conoscendomi quale beneficiario del sacrificio e delle austerità in quanto Sovrano Signore di tutti i mondi e amico di tutti gli esseri, egli ottiene la pace.

Questo canto ha ricevuto il nome di *Disciplina della rinunzia*, se, almeno, se ne fa una traduzione simmetrica al titolo del secondo canto; se no, il contenuto potrebbe anche indurre a pensare *Rinunzia e disciplina dell'azione*.

Arjuna, nel primo versetto, è ripreso dalle stesse incertezze che all'inizio del terzo canto. Ancora una volta (2) il Beato proclama l'identità delle due vie ma accorda il primato alla disciplina dell'azione, cioè allo yoga. Nel versetto 4 ritroviamo l'affermazione più volte incontrata – e non soltanto nella *Gītā* – dell'identità delle vie speculativa e pratica di cui gli ignoranti non vedono che le differenze senza discernerne le profonde analogie.

Nel versetto 6 lo yoga, in quanto disciplina di purificazione e metodo per arrestare le fluttuazioni dello spirito (cfr. gli *Yoga Sūtra*), è raccomandato dal Bhagavant; è il termine stesso di yoga che viene tradotto con l'espressione *disciplina unitiva* (7).

Bisogna ricordare che già nelle *Upaniṣad* antiche si faceva la dissociazione fra le attività sensoriali e il Testimone (9).

(13) La *fortezza dalle nove porte* è il corpo; espressione che si incontra spesso nelle *Upaniṣad*; le porte rappresentano le aperture del corpo.

Al versetto 14 troviamo un'affermazione che sembra in contraddizione con altre fatte nei canti precedenti: «Il Signore non è causa»; siamo lontani qui dall'opinione espressa nel canto IV, 6 dove Kṛṣṇa proclamava il suo dominio sulla natura. Secondo questo versetto è essa che opera da sola, per sua propria spontaneità (*svabhāva*). Si è molto vicini, invece, al sāṃkhya classico, nel quale il principio spirituale rimane inattivo mentre l'attività spontanea della *prakṛti* produce tutto ciò che esiste; nell'uno e nell'altro caso viene usato lo stesso termine *svabhāva.*

Il testo insiste a più riprese sull'importanza di tale eguaglianza – noi diremmo di tale indifferenza (18-19) – nei riguardi dei vari oggetti dell'esperienza, piacevoli o no.

Da notare, al versetto 25, l'espressione «troncare la dualità», che riflette le teorie del monismo integrale come lo rappresentava Yājñavalkya nella *Bṛhadāraṇyakopaniṣad* e annuncia l'*advaita* (non-dualità) del vedanta shankariano. L'impressione è rafforzata dall'allusione all'*estinzione nel Brahman,* di questo versetto e del seguente, consecutiva all'idea, espressa nel versetto 24, dell'identità col Brahman.

I versetti 27-28 abbozzano una descrizione della tecnica dello yoga quale si può trovare nei testi posteriori agli *Yoga Sūtra* (cfr. la *Advayatārakopaniṣad*).

CANTO VI

1. Chi, senza provare attaccamento per il frutto dell'atto, esegue l'azione che gli incombe, quegli è colui che rinunzia, l'asceta unificato; non chi trascura il fuoco sacrificale e tralascia l'azione.

2. Ciò che è detto «rinunzia», sappi, o figlio di Pāṇḍu, che in ciò sta il [nostro] metodo di concentrazione e di pratica, perché nessuno è yogin se non ha rinunziato ai progetti interessati.

3. Per l'asceta che cerca di ascendere i gradi dello yoga, l'azione è, come si dice a giusto titolo, il fattore [per eccellenza], [ma] per colui che ha terminato l'ascesa, la quiete, si afferma, è il fattore dominante.

4. Quando non si aderisce più agli oggetti dei sensi né agli atti, è allora che, avendo rinunziato a ogni «progetto interessato», si è detti aver terminata l'ascesa dei gradi dello yoga.

5. Che ci si elevi da se stessi, che non ci si attuffi [nell'abisso], perché si è alleati di se stessi, si è nemici di se stessi.

6. È alleato di se stesso chi ha trionfato di sé per mezzo di se stesso. Ma ci si comporta verso di sé come un nemico quando si è alienati da se stessi, al modo di un nemico.

7. Il Sé di colui che ha vinto se stesso e ha ottenuto la pacificazione rimane concentrato in perfetto equilibrio fra i contrari: freddo e caldo, piacere e dolore, e anche onore e disonore.

8. Perché il Sé che trova la [propria] soddisfazione nel sapere dottrinale e nell'esperienza liberatrice, che si mantiene incrollabilmente sulla cima, che ha trionfato dei propri sensi, adepto della disciplina unitiva, è detto «unificato», esso per cui appaiono uguali la zolla, la pietra e l'oro.

9. Colui che ha lo stesso giudizio nei confronti di esseri benevoli, amici, nemici, indifferenti, neutri, gente odiosa, alleati, buoni e anche malvagi, quegli si distingue eminentemente.

10-11-12-13-14. L'asceta deve raccogliersi incessantemente, tratto in disparte, solitario, controllando la propria mente, non aspirando a nulla, spossessato di tutto, dopo essersi preparato in un luogo purificato un seggio stabile, non troppo alto né troppo basso, coperto di una stoffa, di una pelle di antilope o di erba sacra. Là, raccolto il pensiero in un'unica punta, padroneggiando le sue operazioni mentali e sensoriali, installato nel suo seggio, si unifichi nella disciplina unitiva allo scopo di purificarsi; mantenendo, reso immobile, il corpo, la testa e il collo eretti in uno stesso a piombo e nell'immobilità, con lo sguardo concentrato sulla punta del naso, senza lasciarlo errare in varie direzioni, con l'anima pacificata, esente dall'angoscia, fedele all'osservanza della castità, disciplinando il pensiero, col cuore e la mente colmi di me, unificato dalla disciplina unitiva, rimanga in tale posizione, teso verso di me.

15. Riportandosi così incessantemente all'unità, l'adepto della disciplina unitiva le cui facoltà mentali sono padroneggiate accede alla pace dove – fine supremo – si spegne ogni miseria, e che risiede in me.

16. Lo yoga, o Arjuna, non è per chi mangia troppo né per chi non mangia affatto, né per chi ha l'abitudine di dormire troppo o per chi [al contrario] rimane [sempre] sveglio.

17. Chi regola convenientemente i propri pasti e i propri riposi, gli sforzi nell'azione e la parte da assegnare al sonno e alla veglia, a lui appartiene lo yoga distruttore della sofferenza.

18. Quando la mente disciplinata rimane unicamente fissata [in se stessa] nel Sé e si è distaccati da tutti i desideri, allora si [merita] di essere chiamati «disciplinati e unificati».

19. «Come un fuoco luminoso posto al riparo dal vento...» tale è il paragone tradizionale che si applica allo yogin che ha la mente disciplinata e pratica la disciplina unitiva del Sé.

20-21. Là dove il pensiero, sospeso mediante la pratica assidua dello yoga, cessa di funzionare, e là dove, percependo il Sé nel Sé [e] mediante il Sé, si trova la [propria] soddisfazione, là dove si prova quella beatitudine infinita che percepisce l'intelletto, ma non i sensi, se lì ci si stabilisce [fermamente], non ci si discosta dal reale.

22. E quando si è ottenuto tale vantaggio, non se ne stima alcun altro più di esso. Saldi in tale stato, non si è scossi da nessun dolore, anche se grave.

23. Questo dissolversi dell'unione con la sofferenza si deve sapere ch'è ciò che viene chiamato [paradossalmente] «unione yogica». Essa deve essere praticata con decisione e mente esente da scoraggiamento.

24-25. Abbandonando senza eccezione tutti i desideri generati dai progetti, padroneggiando grazie alla mente il gregge dei sensi, bisogna sospenderne poco alla volta il funzionamento mediante [il giuoco dell'] intelligenza, sostenuta dalla determinazione. Fissando la mente nel Sé, non si pensi a nulla.

26. Da qualsiasi parte sorga la funzione mentale agitata, instabile, bisogna padroneggiarla, [poi] condurla alla sottomissione nel Sé.

27. In effetti la felicità suprema pervade l'asceta dalla mente pacificata che, calmati dentro di sé i fattori di turbolenza, è divenuto Brahman e senza macchia.

28. L'asceta nel quale ogni male è scomparso, che continuamente si disciplina e si unifica, attinge agevolmente la felicità infinita: confondersi col Brahman.

29. Se stesso residente in tutti gli esseri, tutti gli esseri residenti in lui: ecco ciò che contempla chi ha l'essere unificato dallo yoga e volge a tutte le cose uno sguardo uguale.

30. Per colui che mi vede ovunque e che vede [il] Tutto in me, io non sono [mai] perduto, né [mai] egli è perduto per me.

31. Chi, votato all'unità, mi adora in quanto residente in tutti gli esseri, tale yogin, in qualunque modo si comporti, è sempre presente in me.

32. O Arjuna, colui che considera ugualmente tutte le cose, fortuna o sventura, a similitudine del proprio Sé, un tale uomo è considerato un asceta eminente.

Arjuna disse:

33. Questo yoga dell'equanimità che tu proclami, o distruttore di Madhu, considerando l'instabilità [della facoltà mentale], non vedo che possa instaurarsi in modo durevole.

34. Perché questa mente è incostante, o Kṛṣṇa, tormentosa, potente, ostinata; a mio avviso è come il vento, molto difficile da soggiogare.

Il Beato Signore disse:

35. Senza alcun dubbio, o guerriero dalle grandi braccia, l'organo mentale è difficile da dominare, fluttuante; ma lo si padroneggia, o figlio di Kuntī, mediante la pratica assidua e il distacco.

36. Io ritengo che lo yoga difficilmente è condotto

a buon fine da chi non padroneggi se stesso. Si può, invece [ottenere], con i mezzi spirituali appropriati, da chi si sottomette a una disciplina e fa lo sforzo adeguato.

Arjuna disse:

37. Colui che, incapace di tensione ascetica, pur avendo la fede, lascia errare la propria facoltà mentale lontano dallo yoga, non riuscendo a giungere al compimento di tale yoga, quale destino segue, o Kṛṣṇa?

38. Decaduto da entrambe le vie, simile a una nube squarciata, non andrà perduto, incerto sul cammino del Brahman, smarrito, o guerriero dalle grandi braccia?

39. Questo mio dubbio, Kṛṣṇa, spetta a te reciderlo completamente. Perché nessun altro oltre a te è in grado di farlo.

Il Beato Signore disse:

40. Figlio di Pṛthā, né in questo mondo né nell'altro un simile [uomo] va perduto. Perché non vi è alcuno, mio caro, che, autore di belle e buone azioni, incorra in un cattivo destino.

41. Dopo aver avuto accesso al soggiorno dei meritevoli ed esservi rimasto per una successione ininterrotta di anni, colui che è fallito nello yoga rinasce presso il focolare di gente pura e di qualità.

42. Oppure viene all'esistenza proprio in una famiglia di yogin pieni di saggezza; ché una simile na-

scita, in questo mondo, è ancora più difficile da ottenere.

43. Là riprende contatto con quelle [stesse] qualità intellettuali che erano sue nel corpo precedente, poi, ripartendo di là, o figlio di Kuntī, compie sforzi più intensi allo scopo di riuscire nello yoga, o gioia dei Kuru!

44. Appunto per l'effetto di quella pratica anteriore, egli è trascinato in avanti, anche se non lo volesse. Anche se si limita al semplice desiderio di conoscere lo yoga, passa al di là del brahman-parola.

45. Ora, lo yogin che compie lo sforzo con tutta la sua energia, purificato da ogni macchia, giunto alla perfezione, al termine di una pluralità di nascite, accede finalmente al destino supremo.

46. Lo yogin prevale su coloro che si dedicano alle austerità; è considerato superiore anche a coloro che si attengono alla saggezza speculativa; supera gli eroi dell'azione. Dunque, o Arjuna, diventa yogin!

47. Meglio ancora, colui che, fra tutti gli yogin, risiede in me e, dal più profondo dell'anima, mi adora pieno di fede, quegli io considero come avente raggiunto la sommità dell'unione yogica.

Per dare un titolo al canto VI è stato preso il nome di uno degli ultimi tre membri dello yoga: *Dhyānayoga, La disciplina del raccoglimento.* Si tratta, in realtà, di uno studio non tanto su di una, quanto su queste tre ultime tappe della tecnica dello yoga: concentrazione, raccoglimento e assorbimento contemplativo, considerate come costituenti la *rinunzia* (2).

(3) I *gradi dello yoga* sono in numero di otto, elencati negli *Yoga Sūtra* (II, 29): restrizioni, osservanze, posizioni, regolazione del soffio, astrazione, concentrazione, raccoglimento e contemplazione. Il versetto 4 oppone lo sforzo di colui che è ancora sulla via alla pace di colui che ha raggiunto il fine, pace che partecipa a quella dell'Assoluto.

Nei versetti 5-8 il testo giuoca coi due significati della parola *ātman*: il significato banale di pronome riflessivo e il significato forte di Sé individuale o universale – o piuttosto dei due al tempo stesso. I versetti 8-9 riprendono il tema dell'indifferenza del saggio, già incontrato nei canti precedenti.

I versetti 10-14 descrivono in modo più dettagliato che nel canto V, 27-28, il processo dello yoga con le sue condizioni migliori in rapporto al luogo e alle altre circostanze materiali. L'espressione *in un'unica punta* (*ekāgra*), che è tradizionale, esprime bene quella tensione dello spirito che conduce in un fascio diretto verso un unico punto tutti i movimenti del pensiero.

I versetti 16-17 insistono sul fatto che lo yoga deve essere un metodo moderato che faciliti l'equilibrio dell'essere umano, e non una costrizione innaturale.

La sospensione dei pensieri in movimento, condizionata dalla regolazione del soffio (20), instaura una calma interiore che permette di cogliere l'identità dei due «sé»: quello che si percepisce immediatamente come individuale e il Sé universale. È il raggiungimento mediante i metodi dello yoga del fine perseguito dalle *Upaniṣad*.

(21) L'*intelletto* è ancora una volta la *buddhi*, facoltà intelligente che, senza possedere la coscienza, appannaggio del Puruṣa, la riflette e, come dicono le *Sāṃkhya Kārikā*, è «come cosciente».

I versetti 24-25 indicano una progressione: rinunzia all'affettività, poi padroneggiamento dei sensi; sotto il controllo della *buddhi*, il senso interno (*manas*), la mente, si fissa sul Sé. Il procedimento dello yoga tende a svuotare il pensiero del suo contenuto fluttuante per lasciare che sia invaso, in qualche modo, dall'Assoluto al quale il Sé è essenzialmente identico. È quanto indicano, del resto, i versetti seguenti, constatando la necessità di soggiogare il senso interno.

I versetti 30-31 proclamano lo stato Assoluto di Kṛṣṇa, che risiede in tutti gli esseri, convinzione salvatrice per l'uomo che ne prenda coscienza, col suo corollario al versetto 32: poiché il Signore risiede in tutto, vi è identità fra tutti coloro nei quali è presente. Indirizzandosi a un Assoluto personificato, è la ripresa del «Tu sei quello» delle *Upaniṣad.*

(34-35) Questa volta Arjuna non si preoccupa più di questioni di metodo, ma, nei versetti 37-38, solleva un'obiezione: se si fallisce lo scopo, non si ricade più in basso dello stato donde si era partiti? Tale preoccupazione si chiarisce alla luce di una teoria di cui si trovano tracce in alcuni testi sāṃkhya posteriori. Paramārtha, nel secolo VII, se ne fa eco: egli segnala che l'arrestarsi sulla via della contemplazione produce un legame. Coloro che si arrestano nella regione dei sensi devono rivivere dieci *manvantara* (cicli cosmici); coloro che arrivano fino agli elementi sottili, cento *manvantara*; coloro il cui progresso cessa al principio di individuazione, mille, e coloro che arrivano fino alla *buddhi* diecimila. Più la contemplazione si spinge in alto, più profonda è la caduta. Ma in un testo di devozione come la *Gītā* la benevolenza del Bhagavant si oppone a che lo sforzo del fedele vada perduto. Gli atti buoni servono da punto di partenza per una nascita che favorirà la tappa successiva verso la liberazione.

Nel frattempo i fedeli non ancora liberati andranno al Soggiorno *dei meritevoli* (coloro che fanno opere pie); il termine sanscrito usato sottintende anche la nozione antica «coloro che hanno eseguito dei sacrifici» (41). Esiste tutta una serie di mondi (*loka*) in scala che si sovrappongono al «triplo mondo» percepibile già in questa vita. In generale le liste ne danno sette – compresi i primi tre –, altre ne indicano otto.

Al versetto 44 è da notare l'espressione *brahman-parola* (*śabdabrahman*); lo yogin passa al di là di questa unità che contiene insieme il mondo delle forme e quello dei suoni, per raggiungere, più in alto ancora, l'informale inespresso. Non si tratta forse di un vero e proprio riferimento alla teoria mīmāṃsaka dello *śabda-brahman*, ma di un ricordo più o meno cosciente.

I versetti 46-47 sono un'esaltazione dello yogin, il migliore fra i devoti. Egli è superiore a chi si dedica alle austerità (*tapasvin*), poiché padroneggia la propria energia vitale; la vince anche sugli *jñānin*, quelli che posseggono una conoscenza acquisita; tuttavia, verosimilmente, non si tratta di coloro che hanno la conoscenza del sāṃkhya, di cui il Bhagavant ha proclamato e ancora proclamerà l'identità con lo yoga; si tratta piuttosto della scienza tradizionale. Quanto all'azione degli *eroi dell'azione*, essa consiste nei riti. Il vero yogin adora il Signore; è questo il fondamento delle teorie della *bhakti* (adorare: BHAJ) caratteristiche della *Bhagavadgītā*, che ne è il primo grande testo, pressappoco contemporaneo senza dubbio alla *Śvetāśvatara*, dove l'adorazione si rivolge, in modo simmetrico, a Śiva.

CANTO VII

Il Beato Signore disse:

1. Figlio di Pṛthā, apprendi in qual modo, col pensiero aderente a me, praticando la disciplina unitiva, prendendo rifugio in me, tu mi conoscerai senza incertezza e integralmente.

2. Ti dirò, senza omettere nulla, [che cos'è] questa conoscenza e l'intuizione spirituale [a cui conduce]. Quando la conoscerai, non ti resterà altro da conoscere al mondo.

3. Tra migliaia di uomini, alcuni si sforzano verso la perfezione e, tra i ricercatori giunti al compimento del Sé, [non] ve [ne] è [che] uno che mi conosca realmente.

4. Terra, acqua, fuoco, aria, etere, funzione mentale, intellettuale e personalizzante, così, in otto modalità, si divide la mia natura.

5. Questa non è se non [la mia natura] inferiore. Ma sappi che ve n'è un'altra, la mia natura superiore; essa costituisce l'ordine delle anime individuali viventi dalle quali questo mondo è sostenuto, o guerriero dalle grandi braccia.

6. Considera che tutti gli esseri hanno questa doppia natura come matrice. Io sono l'origine ma anche il dissolvimento dell'universo tutt'intero.

7. Non vi è nulla d'altro che mi sia superiore, Dhanaṃjaya; in me tutto questo mondo è infilato come una serie di perle su un filo.

8-9. O figlio di Kuntī, nell'acqua io sono il sapore; sono l'irraggiare nella luna e nel sole, la sillaba OM in tutti i Veda, il suono nell'etere, la virilità negli uomini, il profumo nella terra, lo splendore ardente nel fuoco. In tutti gli esseri io sono la vita; e negli asceti sono l'austerità.

10. Conoscimi, o figlio di Pṛthā, quale seme eterno di tutti gli esseri. Io sono il giudizio in chi è capace di giudicare, il valore dei valorosi.

11. Sono anche la forza dei forti, forza esente da desiderio e passione; e negli esseri sono il desiderio che non si oppone all'ordine, o toro dei Bhārata.

12. Quanto ai modi di esistenza e alle propensioni corrispondenti, appartengano essi all'ordine dell'essenza luminosa e calma, oppure di quella forte e turbolenta, o ancora di quella inerte, sappi che procedono da me; io non sono [contenuto] in loro, ma loro in me.

13. Tutto l'universo che vedi [fatto] di esseri mo-

bili [e immobili] è sviato da questi modi di esistenza e da questi comportamenti derivanti dalle tre qualità della natura. Esso non mi riconosce come il Trascendente e come l'Immutabile.

14. Perché questa mia magia, divina e costituita dalle «qualità naturali», è imperscrutabile. Coloro che si abbandonano a me, costoro vanno al di là di questa magia.

15. Coloro che fanno il male – questi esseri sviati, i più bassi tra gli uomini – non prendono rifugio in me. Ogni sapere è stato loro strappato dalla mia magia e per modo di essere e di agire hanno adottato quello degli anti-dèi.

16. O Arjuna, di quattro specie sono le persone dabbene che mi adorano: l'afflitto, colui che aspira alla conoscenza, colui che ama le ricchezze e il saggio, o toro dei Bhārata.

17. Fra questi, il Saggio, che è sempre unificato e mi adora per me stesso, supera tutti gli altri. Perché sono estremamente caro al Saggio e il Saggio mi è caro.

18. Sono queste, sicuramente, tutte persone di alto rango. Ma il Saggio – e tale è il mio giudizio – è me stesso. Unificato in se stesso, si rimette a me, infatti, come al termine ultimo del suo cammino.

19. A conclusione di numerose nascite, il Saggio trova rifugio in me, nella convinzione che Vāsudeva è tutto. È [questi] un essere magnanimo che si incontra di rado.

20. Privi di ogni giudizio sano a causa dei loro de-

sideri, [alcuni] hanno fatto ricorso ad altre divinità, praticando questa o quella osservanza, dominata in realtà dalla loro natura.

21. Secondo la manifestazione del divino che questo o quell'adoratore desidera venerare con fede, io rendo, da parte mia, tale fede di ciascuno incrollabile.

22. Dotato di una simile fede, colui che aspira a rendersi favorevole quella divinità ne ottiene l'oggetto dei suoi desideri, poiché io stesso ho così disposto in suo favore.

23. Ma per gli uomini di scarsa intelligenza questo frutto è limitato. Coloro che sacrificano agli dèi vanno agli dèi e, similmente, i miei adoratori vengono a me.

24. Le persone senza giudizio pensano che, dapprima non manifestato, io sia poi divenuto manifesto; il fatto è che ignorano la mia natura superiore, immutabile, insuperabile.

25. Avviluppato dalla magia del mio potere yogico, io non sono visibile a tutti. Questo mondo sviato non mi riconosce come il Non-nato, immutabile.

26. Io conosco gli esseri passati, presenti e futuri, o Arjuna, ma nessuno conosce me.

27. O discendente di Bharata, a causa dello smarrimento riguardo alle coppie dei contrari derivati dall'attrazione e dall'avversione, tutti gli esseri, alla loro venuta al mondo, sono preda della confusione, o tormento dei tuoi nemici!

28. Ma le persone dagli atti meritori il cui male [passato] è giunto al suo termine, libere dallo smarrimento riguardo alle coppie dei contrari, mi adorano, ferme nelle loro osservanze.

29. Coloro che, poggiando su di me, si adoperano per liberarsi dalla vecchiaia e dalla morte, quelli conoscono il Brahman, [l'ambito] intero del Sé, la totalità dell'agire.

30. Quelli che mi riconoscono nel dominio degli esseri, in quelli degli dèi e del sacrificio, anche nel momento della morte, con lo spirito unificato, mi conoscono.

Questo canto è teoricamente consacrato a *vijñāna*, la conoscenza intuitiva del Bhagavant in opposizione a *jñāna*, la conoscenza mediana che è soltanto preparatoria.

La difficoltà di questa conoscenza intuitiva è data da una proporzione (3): un uomo su mille la raggiunge.

L'insegnamento dato nei versetti 5-6 è una specie di non-dualità temperata che si sovrappone al dualismo del sistema sāṃkhya. Dal Signore procedono due ordini: quello naturale (della *prakṛti*) e quello spirituale (del Puruṣa). La lista delle modalità della natura inferiore fornita nel versetto 4 differisce da quella reperibile nei testi dei *darśana*; si trovano qui i cinque elementi – quelli che le *Sāṃkhya Kārikā* chiameranno *mahābhūta* e i tre membri dell'organo interno: il mentale (*manas*), l'intelligenza (*buddhi*) e la facoltà personalizzante (*ahaṃkāra*).

Nei versetti 8-11, il Bhagavant si presenta come la quintessenza di tutte le cose, procedimento che riprenderà, su un piano non più fisico e psicologico, ma mitologico, nel canto x.

Nel versetto 10, il *giudizio* è *buddhi*, l'intelligenza volitiva. Il versetto 12 dà una prima definizione dei *guṇa* – qualità costitutive della natura: il *sattva* che è luce calma, il *rajas*, attività e passione, e il *tamas*, inerzia e stupore. Sono questi i costituenti della natura inferiore (cfr. 5-6), la magia (*māyā*) operante e reale del Bhagavant essendo a livello di tale natura inferiore; secondo il versetto 14, la magia è altresì costituita dai *guṇa*.

(15) Gli *anti-dèi* sono gli *asura*. Questo termine ha subito una curiosa evoluzione. In origine – e particolarmente nel mondo iranico – gli *asura* erano esseri di luce; il nome di Ahura Mazdā (*asura* e *ahura* sono la stessa parola, essendo *s* e *h* corrispondenti in sanscrito e in avestico) ne fa fede. Nel periodo vedico, il dio maggiore Varuṇa era ancora qualificato come «Grande Asura», ma gli *asura* e i *deva*, parimenti di origine celeste, entrarono in lotta – secondo la tradizione mitologica dei combattimenti fra divinità. Dopo aver trionfato, i *deva* hanno monopolizzato a loro profitto l'aspetto celeste. D'altra parte, poiché il prefisso *a* è privativo in sanscrito, si è sentito in *asura* un senso negativo e si è immaginato in seguito un termine *sura* sinonimo di *deva*; sicché in un periodo posteriore, gli *asura* sono stati assimilati a potenze demoniache.

L'affermazione contenuta nel versetto 18 è estremamente importante: *Il Saggio... è me stesso*; in questa equazione si trova espresso implicitamente quello che, negli ambienti devozionali, sarà il culto del *guru*, del Maestro spirituale assimilato alla divinità.

(19) *Vāsudeva* è il nome patronimico di Kṛṣṇa, figlio del Vasudeva ingiustamente tenuto prigioniero, assieme alla sua sposa, dal tiranno Kaṃsa.

Come consigliava di lasciare che gli ignoranti praticassero il sacrificio attaccandovisi, così il Bhagavant favorisce il culto reso ad altre divinità (20-22). Le divinità di cui si tratta nel versetto 23 sono, naturalmente, divinità inferiori; così quegli uomini dabbene vanno nei diversi mondi (*loka*) da cui, dopo aver goduto più o meno a lungo di uno stato di benessere, si viene riversati nel torrente delle esistenze.

Nel Bhagavant non vi è progressione (24); egli non procede da una natura inferiore a una natura superiore; infatti dall'eternità esse coesistono, ma solo la prima è accessibile agli uomini comuni.

Nel versetto 28 gli *atti meritori* corrispondono a *ferme nelle loro osservanze*; si tratta, naturalmente, delle osservanze che si praticano con distacco. Tuttavia il male passato non è distrutto da tali atti; è mediante lo sforzo dello spirito che oltrepassa l'affettività (coppie dei contrari) e prende appoggio nel Signore che vengono bruciati questi residui d'azione.

Gli ultimi tre versetti riguardano i medesimi esseri privilegiati. L'onnipresenza del Bhagavant è sottolineata dall'espressione *nel regno degli esseri* [*umani*], *in quelli degli dèi e del sacrificio.*

CANTO VIII

Arjuna disse:

1. Che cosa significano le espressioni «questo Brahman», «il dominio del Sé», «l'atto», o Persona suprema? E questo dominio «degli esseri», quello degli dèi [altresì], di cui hai parlato ora?

2. Qual è, come si presenta il «dominio del sacrificio» in questo corpo, o uccisore di Madhu? Come [dunque] nel momento della morte tu sei conoscibile da parte di coloro che sono padroni di se stessi?

Il Beato Signore disse:

3. Brahman significa l'Imperituro supremo. Il «dominio del Sé» è l'essenza propria di ciascuno. Si dice «atto» l'emissione procreatrice che fa venire gli esseri all'esistenza.

4. Il «dominio degli esseri», è lo stato perituro. Il «dominio del divino» è la persona [spirituale]. Il

«dominio del sacrificio», o eletto fra gli esseri incarnati, sono io stesso, presente in questo corpo di quaggiù.

5. Colui che, ricordandosi di me nella sua ultima ora, abbandona il proprio corpo mortale e se ne va, quegli accede al mio essere; non vi è dubbio su questo punto.

6. E, allo stesso modo, qualunque sia l'essere di cui ci si ricorda, allorché alla fine si abbandona il proprio corpo, sempre, o figlio di Kuntī, è a lui che si va, trasformati in quello stesso essere.

7. Pertanto, ricordati di me in ogni momento e combatti, con la mente e il giudizio fissati su di me. È a me che giungerai senza alcun dubbio.

8. O figlio di Pṛthā, si accede alla Persona suprema e divina pensando continuamente a essa con una mente unificata dalla disciplina di una pratica assidua e che [non si lascia] andare verso altri [oggetti].

9-10. Se qualcuno si ricorda di quell'antico Saggio e Maestro, più piccolo del [più] piccolo, fondatore universale dalla forma inconcepibile, che, colore del sole, sta al di là delle tenebre, [quegli], nel momento della morte, pieno di una speranza incrollabile, di devozione e di forza yogica, egli conduce, come bisogna, il soffio vitale tra le due sopracciglia, poi accede alla Persona suprema e divina.

11. Quell'Imperituro che i dotti nella scienza vedica enunciano, nel quale gli asceti liberati dal desiderio penetrano, per amore del quale seguono la via del celibato, questa sede io te la spiegherò in breve:

12-13. Colui che, chiudendo tutte le porte [dei sensi], bloccando la mente all'interno del cuore, fissando nella testa il proprio soffio vitale, praticando la meditazione yogica ed emettendo quella preghiera che è l'unica sillaba imperitura, OM, e non pensando che a me, se ne va, abbandonando il proprio corpo, quegli raggiunge il fine supremo.

14. Colui che, con la mente libera da ogni distrazione, mi custodisce costantemente nel suo pensiero, per quello yogin sempre unificato io sono facilmente accessibile, figlio di Pṛthā.

15. Quando ci si è avvicinati a me, non si rischia più la rinascita, impermanenza, riserva di dolori; magnanimi, si è giunti alla perfezione suprema.

16. I mondi, o Arjuna, fino al dominio di Brahmā incluso, sono soggetti ai ritorni [indefinitamente] ripetuti; ma quando ci si è avvicinati a me, figlio di Kuntī, non vi è più rinascita.

17. Quando sanno che la durata completa di un giorno di Brahmā è di mille eoni, e di mille eoni la sua notte, gli uomini conoscono veramente che cos'è un ciclo cosmico.

18. Quando viene il giorno, tutti gli esseri distinti procedono dall'indistinto; quando viene la notte, è in esso altresì che si risolvono, in ciò che è detto l'indistinto.

19. Questa stessa moltitudine di esseri, dopo esser venuta più e più volte all'esistenza, figlio di Pṛthā, si riassorbe suo malgrado, quando viene la notte; essa torna a sorgere quando torna il giorno.

20. Ma al di là di questo non-manifestato, esiste un altro non-manifestato, eterno che, anche quando tutti gli esseri periscono, non perisce.

21. È detto l'Imperituro, il Non-Manifestato; è Lui che si proclama essere il fine supremo. Quando lo si è ottenuto, non si rinasce più. È la mia sede suprema.

22. È la Persona suprema, figlio di Pṛthā, che si ottiene mediante la devozione e nessun altro [mezzo], entro a cui stanno tutti gli esseri, ch'è sottesa a tutto questo universo.

23. Quanto al tempo in cui gli yogin deceduti accedono al non-ritorno o al ritorno, di quel tempo io ti dirò, toro dei Bhārata.

24. Il fuoco, la luce, il giorno, la [quindicina] chiara, i sei mesi [in cui il sole va] verso il nord: là giunti, gli uomini che conoscono il Brahman vanno al Brahman.

25. Il fumo, la notte così come la [quindicina] oscura, i sei mesi in cui il sole va verso il sud: in questo caso, avendo raggiunto la luce della luna, lo yogin [di] là torna [all'esistenza].

26. Queste due vie, chiara e oscura, sono in effetti considerate come caratteristiche permanenti del mondo dei viventi; attraverso l'una si accede al nonritorno, attraverso l'altra si torna di nuovo.

27. O figlio di Pṛthā, conoscendo queste vie, nessuno yogin si perde; per questo, Arjuna, tu devi in ogni tempo essere unificato mediante lo yoga.

28. Il frutto del merito che è indicato nei Veda, i

sacrifici, le austerità e le elemosine, lo yogin al corrente di tutto [questo insegnamento] lo sorpassa e accede alla sede suprema e che esisteva in origine.

Questo canto è detto *Disciplina del Brahman imperituro*. Arjuna si informa sul significato di espressioni usate nel canto precedente.

Le spiegazioni del Brahman (3) rispondono ad una ad una alle domande. Quando l'idea di imperituro è unita al termine *brahman*, si trova di solito in secondo piano – anche se non è chiaramente avvertita – l'idea della preghiera efficiente del vedismo riassunta nella sillaba OM. Parimenti l'*atto* (*karman*) che fa venire gli esseri all'esistenza era all'inizio l'atto sacrificale che contribuiva al mantenimento dell'ordine cosmico. Il *dominio del Sé* si ritrova, invece, nella prospettiva upanishadica delle speculazioni sull'*ātman*.

(4) Il *dominio degli esseri* è quello della natura inferiore, mentre il dominio del divino – questa volta nel senso forte del termine – appartiene alla natura superiore. Per sottolineare la continuità della tradizione, il Beato dichiara di essere egli stesso il dominio del sacrificio.

Il versetto 5 menziona di sfuggita ciò che più tardi avrà un ruolo in una *bhakti* dilatata esageratamente: si raggiunge dopo la morte quello che si è pensato nel momento stesso della morte.

(8) La *Persona suprema* è il Puruṣa; il termine *puruṣa* indicando sempre, a questo stadio d'evoluzione del pensiero indiano, la presenza più o meno avvertita delle dottrine sāṃkhya. Il Puruṣa è qui il Puruṣa supremo, al di sopra dei puruṣa individuali.

Il versetto 9 ci riporta il «pollicino», *colore del sole*, colui che nell'occhio si vede, copia dell'uomo d'oro nel sole di cui parlano così frequentemente le *Upaniṣad*. Il versetto

10 allude a una pratica tipicamente yogica del controllo del respiro: si *conduce... il soffio tra le due sopracciglia*, alla soglia – o al *cakra* – che precede immediatamente quella alla sommità del cranio, dove l'energia individuale, nella forma della *kuṇḍalinī*, si unisce all'Assoluto (cfr. *Advayatārakopaniṣad*).

(11) *Sede* è il termine scelto per tradurre *pada*, che significa «luogo di residenza», ma anche, e ancor più, «stato». Il *pada* di un dio è la sua dimora, ma soprattutto il suo stato supremo.

I versetti 12 e 13 riferiscono ancora procedimenti tipicamente yogici (cfr. *Advayatārakopaniṣad*).

Si tratta, nei versetti 16 e 17 dei mondi degli dèi già menzionati nel canto VI, 41 (in generale quattro al di sopra dei tre direttamente percepibili, il più alto dei quattro essendo il cielo di Brahmā). Tutti questi mondi, alla fine di un grande periodo cosmico, chiamato *giorno di Brahmā*, scompaiono nell'indistinto per una durata pari a quella della creazione, e che si chiama *notte di Brahmā*, per riapparire al risorgere dell'universo... qualunque sia il modo in cui quest'ultimo riappare. La teoria (18) dell'evoluzione e dell'involuzione segue qui lo schema sāṃkhya, ma l'elemento caratteristico della *Gītā* e degli ambienti devoti risulta evidente nella dottrina esposta nel versetto 20: *al di là del non-manifestato* dell'ordine naturale, ne esiste un altro eternamente non manifestato, che sfugge al ritmo delle distruzioni periodiche. Tornano i termini abituali nelle *Upaniṣad*: *Imperituro*, *Non-Manifestato* (21). La conclusione traduce il termine *dhāman* col significato abituale di *sede* là dove ci si sarebbe aspettati il termine *pada*, usato prima.

Nel versetto 22, la *Persona suprema* ha il ruolo del Brahman upanishadico. I versetti 24 e 25 sono presi direttamente dalla *Bṛhadāraṇyakopaniṣad*. L'ultimo versetto fornisce la lista assolutamente tradizionale di tutto ciò che è occasione di merito: Veda, sacrifici, austerità ed elemosine – sottinteso «fatte ai brahmani». Segue però l'affermazione che lo yogin deve, mediante la forza della sua devozione, superare tale stadio che conserva solo un valore preparatorio.

CANTO IX

Il Beato Signore disse:

1. E a te, che sei privo di invidia, io dirò questa conoscenza [segretissima] con l'intuizione [corrispondente]; quando la possiederai, sarai liberato dal male.

2. È una scienza regale, un segreto regale, la purificazione suprema; si può coglierla con un'intuizione immediata, è consustanziale all'ordine sacro, facile a compiersi e immutabile.

3. Gli uomini che non hanno fede in questo ordine sacro, o tormento dei tuoi nemici, incapaci di raggiungermi, ritornano sulla via delle trasmigrazioni mortali.

4. Io sono sotteso a tutto questo mondo [vivente] nel mio stato non manifestato; tutti gli esseri stanno in me e io non sono contenuto in loro.

5. Ma, a dire il vero, gli esseri non stanno in me. Vedi la potenza sovrana del mio yoga: portatore degli esseri e non incluso in loro, il mio Sé porta [tali] esseri all'esistenza.

6. Come un gran vento che va dovunque senza [mai] tuttavia uscire dallo spazio, rifletti, nello stesso modo gli esseri dimorano in me.

7. O figlio di Kuntī, alla fine di un eone tutti gli esseri vanno a questa mia natura [cosmica], poi, all'inizio di un eone, io li emano di nuovo.

8. Padroneggiando la mia natura cosmica, io emetto sempre di nuovo tutto questo insieme di esseri, loro malgrado e grazie al potere della mia natura.

9. E gli atti non mi legano, Dhanaṃjaya; come qualcuno, seduto, si disinteressa di un affare, così io rimango senza attaccamento per i miei atti.

10. È attraverso di me suo sorvegliante che la natura genera l'universo. Questa è la ragione, figlio di Kuntī, per la quale l'universo esiste.

11. Gli smarriti mi disconoscono, perché ho assunto un corpo umano; essi non [ri]conoscono la mia essenza suprema, né [in me] il Sovrano Signore degli esseri.

12. Le loro speranze, le loro opere, la loro scienza sono vane; essi hanno perduto il giudizio, e la natura che assumono è generatrice di errore, sia essa rakshasica o asurica.

13. Ma, o figlio di Pṛthā, i magnanimi che s'attac-

cano alla mia natura divina mi adorano senza distrazione, riconoscendo in me l'immutabile principio degli esseri.

14. [Alcuni], sempre unificati, mi servono, celebrandomi senza sosta coll'esercitarsi, fermi nelle loro osservanze, e rendendomi omaggio con devozione.

15. Altri ancora mi servono rendendomi il loro culto mediante il sacrificio della conoscenza, sotto il mio aspetto unitario o sotto i miei aspetti particolarizzati, poiché da ogni parte io volgo i miei volti molteplici.

16. Io sono l'intenzione sacrificale, io il sacrificio, io l'interiezione d'invocazione dello hoṭṛ, io le erbe sacre, io l'oblazione di burro fuso, io il fuoco rituale, io la libagione.

17. Io sono il padre di questo mondo dei viventi, sua madre, il suo fondatore, il suo avo, l'oggetto della scienza sacra, il purificatore, la sillaba OM, la stanza, la melodia e la formula sacrificale.

18. Io sono il fine, il sostegno, il signore, il testimone, la dimora, il rifugio, l'amico, l'origine, il dissolvimento, la permanenza, il ricettacolo, il germe, l'immutabile.

19. Sono io che riscaldo, che trattengo o libero la pioggia; io sono l'immortalità e la morte; sono io, o Arjuna, che sono l'Essere e il Non-Essere.

20. I conoscitori del triplice Veda, bevitori di soma, purificati dei loro errori, onorandomi con sacrifici tentano d'arrivare al cielo. Avendo raggiunto

la sede santa del capo degli dèi, assaporano in questo luogo celeste le divine fruizioni degli dèi.

21. Dopo aver goduto del vasto mondo celeste, una volta esauriti i loro meriti, rientrano nel mondo dei mortali. Così dunque coloro che si fidano della legge [insegnata] dai tre [Veda], sempre legati ai desideri, altro non ottengono che d'andare e venire [senza sosta].

22. Le persone che, pensando a me e a nessun altro, mi servono e mi onorano, io stesso porto, a loro che mi sono perpetuamente devoti, l'acquisizione e la conservazione del benessere.

23. Quanto ai devoti di altre divinità che, pieni di fede, le onorano con sacrifici, sono io, o figlio di Kuntī, che essi pure onorano con quei sacrifici [benché ciò sia] non secondo la regola.

24. Perché io sono il beneficiario di tutti i sacrifici e loro Sovrano Signore; ma essi non mi conoscono nella mia realtà e, di conseguenza, ricadono [nell'esistenza].

25. Coloro che celebrano il culto delle divinità vanno alle divinità; coloro che celebrano il culto dei mani vanno ai mani; coloro che offrono sacrifici agli esseri inferiori vanno agli esseri inferiori; coloro che mi onorano coi loro sacrifici vengono a me.

26. Colui che m'offre con devozione [anche soltanto] una foglia, un fiore, un frutto o dell'acqua, l'offerta devota di lui, che ha il cuore puro, io la gradisco.

27. Ciò che tu fai, mangi, offri in libagione, doni,

le austerità che pratichi, o figlio di Kuntī, [tutto] ciò fallo dedicandolo a me,

28. sarai liberato dai legami dell'atto, siano buoni o cattivi i suoi frutti; con l'anima unificata dalla disciplina della rinunzia, affrancato, tu verrai a me.

29. Io sono equanime verso tutti gli esseri; nessuno per me è odioso, né caro; ma coloro che mi adorano in devozione, quelli sono in me e io in loro.

30. Se mi adora in modo esclusivo, anche un grande criminale deve essere considerato buono, perché la sua determinazione è retta.

31. Ben presto, identificato all'ordine santo, accederà alla pace eterna. Sappi, figlio di Kuntī, che chi mi adora non perisce.

32. Coloro che hanno preso in me il loro rifugio, figlio di Pṛthā, anche se avessero una cattiva nascita, se fossero donne, artigiani o anche servitori, raggiungono il fine supremo.

33. A maggior ragione i brahmani meritevoli, così come i saggi regali che mi adorano. Tu che sei venuto nel mondo impermanente e senza forza, adorami.

34. Sia tutto per me il tuo pensiero, come la tua devozione; siano per me i tuoi sacrifici; rendimi omaggio. Dopo aver così unificato il tuo essere e non curandoti d'altro che di me, verrai a me.

Il canto IX è chiamato, con una certa enfasi, *Disciplina della scienza regale e del segreto regale*, essendo il segreto regale l'amicizia che inclina il Signore verso il fedele a lui devoto. Il Bhagavant segnala (1) che tale scienza rivelata si accompagna all'intendimento immediato implicato dal termine *vijñāna*. Ma nei versetti 2 e 3 insiste sul fatto che tale scienza è inseparabile dal *dharma*, la legge cosmica e morale,

I versetti 4 e 5 contengono un paradosso che il versetto 6 cerca di spiegare mediante un'immagine: gli esseri sono a un tempo contenuti e non contenuti nel Signore. I versetti 7 e 8 riassumono il processo involutivo alla fine di un ciclo e il processo evolutivo all'inizio di una nuova creazione; la natura cosmica è *prakṛti*.

Benché sempre attivo, il Beato non ha alcun legame con l'atto (9), come già aveva dichiarato nel canto IV, 14; egli sottolinea (10) che l'attività appartiene in realtà alla sua *prakṛti*, non a lui; simile in questo, ancora una volta, al principio spirituale dei sāṃkhya.

(11) *Ho assunto un corpo umano*: si tratta della dottrina degli *avatāra*. I *rākṣasa*, pur derivando il loro nome dalla radice RAKṢ, «proteggere», sono degli spiriti malvagi, degli esseri demoniaci come qui gli *asura* (cfr. VII, 15).

L'immagine dei volti molteplici del dio si trova anche nella *Śvetāśvataropaniṣad* (II, 16) nell'espressione «il volto rivolto da ogni lato»; essa si riferisce alle rappresentazioni di Śiva più che a quelle di Viṣṇu, ma nell'uno e nell'altro caso è segno di onnipresenza.

I versetti 16 e 17 enumerano tutta una serie di fatti vedici ai quali il Bhagavant si assimila: sacrificio progettato (*kratu*) o eseguito (*yajña*), l'esclamazione dello *hoṭr*, cioè del sacrificatore prima che offra le oblazioni, *svadhā*, esclamazione rituale di cui le *Upaniṣad* ci riportano ancora l'eco (cfr. i *Veda, Kauṣītakyupaniṣad* e *Mahānārāyaṇopaniṣad*). *Le erbe sacre* sono lo strato sacrificale di erbe pungenti dette erbe *kuśa*; il *burro fuso* occupa un gran posto nelle offerte. Il *purificatore* è un altro nome del fuoco; quanto alla *stanza, la melodia e la formula sacrificale*, si tratta del *ṛg*, del *sāman* e dello *yajus*, cioè gli elementi dei tre Veda.

Il Bhagavant è l'*Essere e il Non-Essere* (19); egli è, di fatto, al di là dell'uno e dell'altro. I versetti 20 e 21 segnalano una volta di più quanto vi è di temporaneo nei beni procurati dal culto tradizionale. Il *soma* è, lo si rammenta, una bevanda inebriante ottenuta a partire da una pianta non bene identificata ma probabilmente della famiglia della canapa. Le libagioni di *soma*, che avevano un ruolo primordiale nel sacrificio vedico, sono state a poco a poco sostituite da quelle di burro fuso.

All'insaputa persino di coloro che si affidano ad altre divinità, tutte le adorazioni vanno al Bhagavant (23), il che è normale poiché egli è il Tutto e, perciò, le altre divinità non possono essere che sue manifestazioni. Tuttavia poiché, psicologicamente, l'atteggiamento dei fedeli è vario e ci si identifica con ciò che si conosce ancor più che con ciò che si adora, ognuno va (25) verso ciò che ha riverito in questo mondo: divinità, mani, o esseri inferiori; soltanto coloro che hanno adorato il Signore si perdono in lui.

L'entità dell'offerta fatta conta poco; solo l'intenzione è importante; tutto questo canto è uno dei più caratteristici per quanto riguarda l'interiorizzazione del culto che si verificherà negli ambienti detti 'settari', adepti di un Assoluto personificato. La perfezione consiste nell'agire non solo senza attaccamento verso i propri atti, ciò che già insegnavano i primi canti della *Gītā*, ma anche dedicandoli tutti al Signore Kṛṣṇa. Tale teoria viene sviluppata fino alla fine del canto IX.

Il versetto 32 mostra quella che sarà un'altra costante di questi culti: uno sforzo nel senso di una universalità sempre maggiore. Qui non si tratta ancora, come avverrà in epoca medioevale, di accogliere dei fuori casta nella comunità religiosa, ma si promette al *vaiśya*, e persino allo *śūdra* e alla donna che si affidano al Signore, la liberazione immediata. Il fatto è degno di nota perché, nella buona ortodossia brahmanica, solo un rappresentante maschio della casta dei brahmani poteva aspirare alla liberazione; in altre condizioni, le opere buone non potevano avere che un carattere preparatorio in vista di un'esistenza futura.

CANTO X

Il Beato Signore disse:

1. O guerriero dalle grandi braccia, ascolta, una volta ancora, da me la parola suprema che io dirò a te, a te che in essa ti compiaci e ritieni il bene desiderabile.

2. Né le schiere degli dèi né i grandi veggenti conoscono la mia origine poiché sono io ad essere, sotto tutti gli aspetti, l'origine degli dèi e dei grandi veggenti.

3. Colui che mi conosce come non nato e non avente principio, come il grande Signore dell'universo, quegli, fra tutti i mortali, libero da ogni smarrimento, è sbarazzato da tutti i suoi errori.

4-5. Giudizio, conoscenza, sapere esente da coinvolgimento, pazienza, verità, padronanza di sé, piacere e dolore, esistenza e inesistenza, timore e sicurezza, non-nocività, equanimità, contentamento, austerità, liberalità, onore e disonore, tutti questi modi di essere, nella loro diversità come nella loro particolarità, vengono da me.

6. I sette grandi Saggi antichi, come pure i quattro Manu, creazioni spirituali – dalle quali, in questo mondo, tutte le [altre] creature sono uscite – sono nati da me.

7. Quando si conosce realmente questa processione e questo potere yogico che sono miei, si è unificati mediante uno yoga incrollabile; su questo punto non vi sono dubbi.

8. Io sono il principio di tutte le cose; è da me che tutto procede. Coloro che con tale convinzione mi adorano sono saggi e dotati di un pensiero profondo.

9. Con la mente fissa in me, il loro soffio vitale fuso in me, illuminandosi reciprocamente, raccontando di me senza sosta, sono soddisfatti e beati.

10. È a tali uomini costantemente unificati, miei devoti adoratori, che io comunico quella disciplina del giudizio che li farà giungere fino a me.

11. Per manifestare la mia compassione verso di loro, io che risiedo nel loro stesso essere, scaccio, con la fiaccola della conoscenza, le tenebre nate dall'ignoranza.

Arjuna disse:

12-13. Tu sei il Brahman supremo, la sede suprema, il purificatore supremo. Spirito divino ed eterno, primo degli dèi, non-nato, onnipresente! [Così] ti designano tutti i veggenti [antichi] come pure il veggente divino Nārada, il nero Devala e Vyāsa; tu stesso me lo dici.

14. Io credo che tutto quello che mi dici è vero, Keśava! perché né gli dèi, né i dānava, o Beato Signore, conoscono la tua manifestazione.

15. Tu solo, Spirito Supremo, conosci te stesso attraverso te stesso; produttore degli esseri, Signore degli esseri, dio degli dèi, Padrone del mondo.

16. Degnati dunque di dichiarare senza riserve le tue manifestazioni divine, manifestazioni grazie alle quali, propagandoti per questi mondi, rimani [immobile].

17. Come [anche] meditando senza sosta posso conoscerti, o yogin? E quali sono tutti e singoli gli stati in cui sei per me concepibile, Beato Signore?

18. Ancora una volta, Janārdana, narra[mi] per esteso la tua potenza yogica e la tua manifestazione. Perché io non mi sazio di udire la tua parola di ambrosia.

Il Beato Signore disse:

19. Orsù! Io ti esporrò le mie divine manifestazioni, limitandomi all'essenziale, o migliore dei Kuru! perché la mia espansione è illimitata.

20. O Guḍākeśa! Io sono il Sé che risiede nel cuore di tutti gli esseri; io sono l'inizio, la metà e la fine degli esseri.

21. Fra gli āditya io sono Viṣṇu, fra gli astri il Sole raggiante, fra i venti Marīci, fra i corpi celesti la Luna.

22. Fra i Veda io sono il Sāmaveda, fra gli dèi i vasu, tra le facoltà il senso interno, fra gli esseri la sensibilità.

23. Fra i rudra io sono Śaṅkara, fra gli yakṣa e i rākṣasa il Signore delle ricchezze, fra i vasu il fuoco purificatore, fra le cime il monte Meru.

24. Fra i cappellani, o figlio di Pṛthā, sappi che io sono il principale, Bṛhaspati; fra i capi di eserciti io sono Skanda, fra le masse d'acqua l'oceano.

25. Fra i grandi veggenti io sono Bhṛgu, fra le parole la sillaba unica, imperitura; fra i sacrifici io sono le parole mormorate, fra gli esseri immobili l'Himālaya.

26. Fra tutti gli alberi io sono il fico sacro e Nārada fra i veggenti divini; fra i gandharva io sono Citraratha, fra i siddha il saggio Kapila.

27. Sappi che fra i cavalli io sono Uccaiḥśravas, nato dall'ambrosia, fra gli elefanti Airāvata e fra gli uomini il re.

28-29. Fra le armi io sono il fulmine, fra le vacche da latte la Vacca d'abbondanza; io sono il procreatore Kandarpa e fra i serpenti Vāsuki, Ananta fra i nāga, Varuṇa fra gli esseri acquatici, Aryaman fra i mani e Yama, il Costrittore, fra quelli che costringono.

30. Io sono Prahlāda fra i daitya, il tempo fra gli in-

citatori, il leone fra gli animali selvaggi e il figlio di Vinatā fra gli uccelli.

31. Io sono il vento fra i purificatori, Rāma fra i portatori di armi, il coccodrillo fra i pesci, la Jāhnavī fra i fiumi.

32. Delle creature io sono l'inizio, la fine e il mezzo, o Arjuna, la scienza del Sé fra le scienze, fra le dottrine colui che enuncia la giusta dottrina.

33. Delle lettere io sono la *a*; del genere «vocabolo composto» il composto copulativo; io solo sono il tempo imperituro, io il fondatore che ha ogni volto.

34. Io sono la morte che tutto porta via, la sorgente delle cose future. Fra gli esseri femminili sono la fama, la fortuna, la parola, la memoria, l'intelligenza, la fermezza, la pazienza.

35. Io sono anche il bṛhatsāman fra le melodie sacre, la gāyatrī fra i metri, l'inizio di māgha fra i mesi e fra le stagioni la primavera.

36. Fra gli ingannatori io sono il giuoco dei dadi, sono lo splendore degli esseri splendenti, la vittoria, la decisione, la virtù dei virtuosi.

37. Fra i Vṛṣṇi sono Vāsudeva e fra i Pāṇḍava Dhanaṃjaya. Fra i saggi asceti sono anche Vyāsa, fra i poeti Uśanas, l'ispirato.

38. Io sono lo scettro di coloro che dominano [i popoli], l'arte politica dei conquistatori, il silenzio dei segreti, la conoscenza dei conoscenti.

39. E quale che sia la forma di qualunque essere,

lui io sono, o Arjuna. Non vi è essere, mobile o immobile, che esista al di fuori di me.

40. Non vi sono limiti alle mie divine manifestazioni, o tormento dei tuoi nemici; ma è in guisa di esempio che io ne ho fatto questa lunga esposizione.

41. Ogni essere dotato di una manifestazione, di virtù, di prosperità o di forza, riconoscilo come sorto da una particella del mio splendore.

42. O piuttosto, che bisogno c'è di una tale abbondanza di sapere, Arjuna? Immutabile, con una sola particella di me, io sono presente a questo universo intero.

Il canto x, chiamato *Disciplina delle manifestazioni divine*, riprende e spiega il canto VII. Insieme a un'esaltazione del Bhagavant, la lunga serie delle sue manifestazioni offre altrettante rappresentazioni sulle quali si può meditare.

(1-2) I *grandi veggenti* sono i *ṛṣi* dell'origine, tradizionalmente citati accanto agli dèi; a ogni creazione del mondo, sono essi che appaiono per primi e 'vedono' il Veda; quanto al Bhagavant, egli è anteriore a ogni creatura perché è atemporale.

(6) Esistono numerose liste dei sette *ṛṣi* dell'origine; nei *Purāṇa* accade che si aggiunga loro un ottavo e anche un nono.

Si conoscono abitualmente quattordici Manu, sette passati e sette futuri. Il numero 4 è insolito; forse riguarda dei Manu apparsi in ogni età di questo ciclo cosmico, poiché ogni *manvantara* si divide in quattro periodi di lunghezza e di eccellenza diverse; tra l'uno e l'altro si verifica un dissolvimento parziale dell'universo.

Nei versetti 12-14 ci troviamo di fronte a una specie di inno al Signore, in forma di litanie, proferito da Arjuna.

Nārada, che appare in molti passi del *Mahābhārata* e al quale certi inni del *Ṛg Veda* facevano già allusione, figura nelle liste dei sette *ṛṣi* nati dal cervello di Brahmā. Lo si dà per inventore della *vīṇā* (il liuto indiano) e capo dei *gandharva*, i musici celesti. È anche considerato un grande legislatore.

Devala è un *ṛṣi* dell'origine al quale vengono attribuiti certi inni. *Vyāsa*, prozio, legalmente, dei Kaurava come dei Pāṇḍava, era figlio del *ṛṣi* Paraśāra e di Satyavatī; abbandonato da costei in un'isola della Yamunā, era di colore scuro, e ciò gli valse il nome di Kṛṣṇa, cui fu aggiunto, per mettere in evidenza la sua origine, quello di Dvaipāyana («quello dell'isola»); quanto a Vyāsa, è un epiteto che significa «il compilatore». Si ritiene infatti che egli abbia riunito le leggende del *Mahābhārata* per insegnarle a uno dei suoi discepoli. Fu incaricato di perpetuare la stirpe dei suoi fratellastri ed ebbe dalle sue cognate – a nome dello scomparso Vicitravīrya – due figli; è dunque il vero padre di Dhṛtarāṣṭra e di Pāṇḍu.

Nei versetti 20-29, il Bhagavant, in una litania corrispondente a quella di Arjuna, gli fornisce tutta una lista delle sue manifestazioni, secondo un procedimento per cui si proclama sempre il più eminente di un gruppo di esseri o di oggetti dati.

Gli *āditya*, nati da Aditi, «la senza-limiti», sono dèi solari fra cui il principale è Viṣṇu. Anticamente se ne contavano sei; in testi più recenti se ne enumerano otto, poi dodici. Come al solito, non tutte le liste coincidono.

I venti citati nel versetto 21 sono i *marut*, dèi della tempesta e dell'uragano che accompagnano Indra e il cui capo è Marīci; quest'ultimo figura in alcune liste dei grandi *ṛṣi*.

Al versetto 22 ci si ricorderà che il *Sāmaveda* è quello delle melodie; i *vasu* sono una classe particolare di divinità; erano otto e appartenevano, come i *marut*, al seguito di Indra. In età vedica si trovano citati soprattutto come personificazioni dei fenomeni naturali; non si capisce bene perché i *vasu* abbiano qui tanta importanza.

(23) I *rudra*: classe di dèi, in numero di undici, di cui Rudra-Śiva è considerato il padre; *Śaṅkara*, «l'auspicioso», è del resto il nome con cui è noto Śiva in quanto capo dei rudra. *Yakṣa* e *rākṣasa* sono spiriti dal carattere ambiguo ma per lo più temibile. Attorniano Kubera, dio delle ricchezze. La lista dei *vasu* conta, in effetti, due 'purificatori': il fuoco e il vento; nel testo non è specificato se si tratti dell'uno o dell'altro.

Il *monte Meru*, centro del mondo e montagna santa per eccellenza, è sempre situato nell'Himālaya.

(24) *Bṛhaspati*, in seguito reggente del pianeta Giove, viene dato nel Veda come cappellano degli dèi; è lui che celebra per loro il sacrificio. *Skanda* – o Kārttikeya – è il dio della guerra, figlio di Śiva e, si dice talvolta, della dea Gaṅgā, che ha raccolto il seme emesso da lui; in molte altre leggende è figlio di Śiva e di Pārvatī; è quest'ultima tradizione ad esser divulgata dall'iconografia. Se ne è fatto altresì il reggente del pianeta Marte.

(25) *Bhṛgu* appartiene alle liste di *ṛṣi* dell'origine; è considerato il fondatore della stirpe dei Bhārgava da cui è uscito Paraśurāma, il sesto avatāra di Viṣṇu.

(26) Il *fico sacro* è l'*aśvattha*, il cui legno serviva tradizionalmente a tornire gli utensili del sacrificio vedico; ma, soprattutto, è l'albero dalle radici capovolte che affondano nel cielo (*Kaṭhopaniṣad*, VI, 1; *Śvetāśvataropaniṣad*, VI, 6). *Citraratha* è il re dei *gandharva*. I *Siddha* sono una classe di esseri divini particolarmente puri, ma anche di saggi giunti alla perfezione. *Kapila*, saggio leggendario, passa per fondatore del sistema sāṃkhya.

(27) *Uccaiḥśravas* è il cavallo sorto, con altri oggetti preziosi, dalla burrificazione del mare di latte. *Airāvata*, di identica origine, serve da cavalcatura a Indra.

(28-29) La *Vacca d'abbondanza*, quella che esaudisce i desideri (*Kāmaduh*), apparteneva al saggio Vasiṣṭha. Il furto del suo vitello ai danni del saggio Jamadagni costituisce il primo anello di una catena di avvenimenti che portano allo sterminio degli kṣatriya da parte di Paraśurāma.

Kandarpa è uno dei nomi di Kāma, «il desiderio», dio dell'amore. Poiché è il desiderio, spesso lo si considera come «nato per primo». *Vāsuki*, re dei serpenti che vivevano nel Pātāla, il mondo sotterraneo, fu usato dagli dèi come corda della zangola al momento della grande burrificazione. È chiamato anche Ananta, «Infinità», e Śeṣa; questi due nomi sono usati più abitualmente per designarlo quando serve da supporto, sopra le acque cosmiche, a Viṣṇu dormiente durante i periodi di riassorbimento dell'universo.

Varuṇa è qui considerato nel suo aspetto di dio delle acque piuttosto che in quello, antico, di dio giustiziere. Come tale, veniva spesso associato, ai tempi vedici e in Iran, a Mitra e ad Aryaman, quest'ultimo invocato meno frequentemente, nei testi, rispetto agli altri due. Gli studi di G. Dumézil mostrano i tre membri di questa triade come i protettori dei tre ordini che rappresentano le tre caste superiori, quelli detti *dvija* (nati due volte) per il fatto che ricevono una iniziazione religiosa assimilata a una seconda nascita; Yama, il primo nato, è allo stesso tempo il primo morto (cfr. *Kaṭhopaniṣad*).

(30) Benché figlio del demone Hiraṇyakaśipu (della stirpe dei *daitya* che si oppongono ai *deva*), *Prahlāda* è un devoto di Viṣṇu. Poiché suo padre Hiraṇyakaśipu lo tormentava, in parte a causa di questa devozione, Viṣṇu si è incarnato come uomo-leone per la distruzione di Hiraṇyakaśipu.

L'aquila Garuḍa è il *figlio di Vinatā*; appena nato, ha liberato la madre dalla schiavitù in cui la teneva, in seguito a una scommessa, la sua rivale Kadru. Entrambe spose del *ṛṣi* Kaśyapa (tartaruga), una ha cento figli serpenti, l'altra due figli uccelli; il figlio maggiore di Vinatā, Aruṇa, che possiede soltanto una testa e un busto, è l'auriga del sole, l'altro, Garuḍa, serve da cavalcatura a Viṣṇu.

(31) *Rāma* è il principe di Ayodhyā, della stirpe solare, eroe della seconda epopea sanscrita, il *Rāmāyaṇa*. La *Jāhnavī* è uno dei numerosi nomi del Gange; la leggenda che spiega questo appellativo è quella di un saggio, Jahnu, il quale, turbato nella sua meditazione dal passaggio della Gaṅgā, la beve fino al suo completo prosciugamento. In seguito, rabbonito, la libera e la fiumana esce dal suo orecchio; per questo si dice che è nata da Jahnu.

(33) Come il nostro, l'alfabeto sanscrito comincia con *a*; il sanscrito forma numerose specie di composti; quello di cui qui si tratta è lo *dvandva*, composto copulativo che comporta solo due elementi singolari il cui insieme è al duale.

(35) Il *bṛhatsāman* è una forma di melodia rituale. La *gāyatrī* è il metro nel quale è redatto un verso estremamente santo dello stesso nome, indirizzato al sole in quanto Savitṛ, «l'incitatore», verso che i brahmani devono ripetere mentalmente durante i loro riti del sorgere e tramontare del sole. *Māgha* corrisponde a gennaio-febbraio.

(37) *Vāsudeva*, figlio di Vasudeva, è Kṛṣṇa stesso, il più illustre fra i discendenti di Vṛṣṇi. L'affermazione in questo versetto è particolarmente importante: «Fra i Pāṇḍava io sono Dhanaṃjaya», cioè il suo interlocutore, Arjuna. Il Bhagavant proclama la sua identità con colui che lo onora e che gli è caro. *Vyāsa*, il procreatore dei Kaurava e dei Pāṇḍava – lo si è visto – è dato in altra sede come il compilatore dei *Veda*, del *Mahābhārata* e di un certo numero di altri testi. Di fatto, «Vyāsa» non è che un epiteto che è stato probabilmente applicato a molti personaggi. *Uśanas* è l'autore di un libro di leggi.

Dal versetto 39 alla fine, il Bhagavant raccoglie in pochi versi – e alcuni sono di notevole fattura – l'essenziale dell'insegnamento contenuto nel canto x, uno dei più poetici della *Bhagavadgītā*.

CANTO XI

Arjuna disse:

1. In segno del tuo favore mi hai tenuto questo discorso eccellente e segreto che concerne il Sé; per opera di esso lo smarrimento [da cui ero preso] se n'è andato.

2. Perché, o tu dagli occhi a forma di petalo di loto, mi hai fatto intendere per esteso [ciò che concerne] la venuta all'essere e la sparizione, e parimenti la tua inalterabile grandezza.

3. Signore Supremo, Spirito Supremo, le cose stanno quanto a te come tu stesso hai detto. Io desidero vedere la tua forma sovrana.

4. Se ritieni che mi sia possibile vederla, Signore, Maestro dello yoga, allora mostrami il tuo Sé inalterabile.

Il Beato Signore disse:

5. Figlio di Pṛthā, guarda le mie forme a centinaia e a migliaia. Sono varie, divine; diversi sono i loro colori e i loro aspetti.

6. Guarda gli āditya, i vasu, i rudra, gli Aśvin così come i marut; guarda, o discendente di Bharata, le numerose meraviglie che mai sono state viste finora.

7. Guarda ora nel mio corpo l'universo intero – esseri mobili e immobili raccolti, e [tutto] ciò che desideri vedere d'altro.

8. Ma tu non puoi vedermi con questo tuo occhio [di carne]; io ti dono l'occhio divino. Guarda la mia potenza yogica sovrana!

Sañjaya disse:

9-10-11. Avendo così parlato, o re, Hari, il Grande Maestro dello yoga, mostrò al figlio di Pṛthā la sua forma suprema e sovrana, provvista di una moltitudine di bocche e di occhi, di una moltitudine di aspetti meravigliosi, di una quantità di ornamenti divini, e che brandiva numerose armi divine; [essa era] adorna di collane e vesti divine, unta di profumi divini, costituita da tutte le meraviglie, dio infinito dai visi rivolti in tutti i sensi.

12. Se nel cielo la luce di mille soli si fondesse assieme, sarebbe simile alla luce di questo grande Essere.

13. Allora il figlio di Pāṇḍu vide riuniti in quel luogo – il corpo del dio degli dèi – l'universo intero con le sue parti molteplici.

14. E invaso da stupore, orripilato, la testa china in un saluto, Dhanaṃjaya parlò al dio.

Arjuna disse:

15. O Dio, io vedo nel tuo corpo tutti gli dèi così come i diversi gruppi di esseri: il Signore Brahmā, che siede su un trono di loto, tutti i veggenti e i serpenti divini.

16. Io ti vedo con le tue braccia molteplici, i tuoi molteplici tronchi, i tuoi volti, i tuoi occhi, con la tua forma da ogni parte illimitata. In te non vedo fine, né mezzo, né inizio, o Signore universale e onniforme!

17. Io ti vedo – oh tu la cui contemplazione è di arduo accesso – col diadema, la mazza, il disco e quell'ardente splendore che illumina tutto all'intorno, inaccessibile ai nostri mezzi e alle nostre misure [umane].

18. Tu sei l'Imperituro, l'oggetto supremo da conoscere, tu sei il supremo ricettacolo di tutto il diverso, tu sei l'Immutabile, il guardiano della legge eterna, tu sei lo Spirito eterno: tale è la mia convinzione.

19. Io ti vedo senza inizio, né mezzo, né fine, con la tua energia infinita, le tue braccia in numero infinito, il Sole e la Luna quali tuoi due occhi, la tua bocca scintillante che divora le oblazioni, mentre riscaldi l'universo col tuo ardore.

20. Perché la regione intermedia fra il cielo e la terra, e tutti gli orienti, tu li occupi da solo. Nel ve-

dere questa tua forma meravigliosa e terribile il triplice mondo si spaventa, o grande Essere!

21. In verità queste schiere di dèi ecco penetrano in te: certuni, spaventati, salutano con le mani giunte e cantano la tua lode. I grandi veggenti e i perfetti, radunati, dopo aver detto: «Salute!» ti glorificano coi loro inni sonori.

22. I rudra, gli āditya, i vasu, i sādhya, tutti-gli-dèi, gli Aśvin, i marut e i bevitori di oblazioni, le schiere dei gandharva, degli yakṣa, degli asura e dei perfetti, tutti ti osservano e stupiscono.

23. Vedendo la tua grande forma dai volti molteplici e dagli occhi molteplici, o [Signore] dalle grandi braccia, la tua forma dalle molteplici braccia, gambe e piedi, dai molteplici ventri, [resa] spaventosa dalle tue numerose zanne, i mondi tremano, e anch'io.

24. Perché vedendoti, tu che tocchi il cielo, fiammeggiante, dai molteplici colori, con la bocca spalancata, gli immensi occhi scintillanti, io sono scosso nel più profondo di me stesso e non trovo risolutezza né quiete, o Viṣṇu!

25. E certamente, vedendo le tue bocche, spaventevoli per le loro zanne simili al fuoco del tempo, io sono disorientato e non riesco a trovare protezione alcuna. Grazia, Signore degli dèi, tu che fai dell'universo la tua dimora!

26. Ed ecco tutti i figli di Dhṛtarāṣṭra, con le schiere dei protettori di [questa] terra, Bhīṣma, Droṇa, e anche questo [Karṇa] figlio di bardo, guidatore di carro e, parimenti, [dall'altra parte], i principali guerrieri del nostro campo.

27. Essi si affrettano, penetrano dentro di te e nelle tue bocche terrificanti dalle spaventose zanne; alcuni, sospesi negli interstizi dei tuoi denti, si intravedono con la testa ridotta in polvere.

28. Come le molteplici acque dei fiumi dalla corrente rapida si riversano a capofitto nell'oceano, così questi eroi del mondo degli uomini penetrano nelle tue bocche e vi si abbruciano.

29. Come delle falene si precipitano, per la loro distruzione, nella fiamma brillante, così, per la loro distruzione, gli uomini si precipitano nelle tue bocche.

30. Con le tue bocche fiammeggianti, tu lecchi, divorandoli, i mondi interi riempiendo tutto l'universo coi tuoi ardori, i tuoi terribili splendori li consumano, o Viṣṇu!

31. Spiegami chi sei, tu dalla forma terrificante. Omaggio a te, il migliore fra gli dèi! Grazia! Io desidero conoscere perfettamente te che sei al principio, poiché non conosco la tua condotta.

Il Beato Signore disse:

32. Io sono il tempo che fa deperire i mondi, perché io sono completamente sviluppato. Quaggiù, io sono intento a riassorbire i mondi. Anche senza il tuo intervento [un giorno] tutti questi guerrieri schierati negli eserciti avversi non saranno più.

33. Sicché, sorgi! Conquista la gloria, trionfando sui tuoi nemici. Godi di un regno prospero. È da me che sono stati dapprima [votati] alla morte. Sii[ne] lo strumento e niente più, o tu che hai abile la mano sinistra!

34. Droṇa, Bhīṣma, Jayadratha, Karṇa, come gli altri eroici guerrieri sono [già] colpiti da me. Colpiscili tu [a tua volta]. Non tormentarti: combatti; vincerai i tuoi rivali in [questa] battaglia.

Sañjaya disse:

35. Dopo queste parole di Keśava, il guerriero dal diadema salutò, con le mani giunte, tremando, [e], rendendo nuovamente omaggio, molto spaventato, inchinandosi, disse a Kṛṣṇa con voce rotta:

Arjuna disse:

36. O Hṛṣīkeśa, celebrando la tua gloria, in questo luogo, l'universo si rallegra e si vota [a te]; i rākṣasa spaventati corrono da tutte le parti e tutte le schiere dei perfetti ti adorano.

37. E come, o grande Essere, non si inchinerebbero davanti a te, più venerabile di Brahmā stesso, [tu] l'ordinatore primordiale? O Signore infinito degli dèi, tu che fai dell'universo la tua dimora, tu sei l'Imperituro, l'Essere e il Non-Essere e ciò che è al di là.

38. Tu sei il Dio primordiale, lo Spirito; tu sei l'Antico, il Ricettacolo supremo di questo universo. Sei il Soggetto conoscente, l'Oggetto da conoscere e la Sede suprema. Sei tu, dalle forme infinite, che dispieghi l'universo.

39. Tu sei Vāyu, Yama, Agni, Varuṇa, il dio Luna, Prajāpati e Brahmā, l'Avo. Omaggio a te mille volte! E di nuovo, ancora [e ancora], omaggio a te!

40. Omaggio a te davanti e dietro. Omaggio da ogni lato parimenti, o [tu che sei] tutto! Il tuo eroi-

smo è infinito, il tuo valore illimitato; tu ti estendi a tutto, dunque sei il Tutto.

41. Ciò che, prendendoti per un compagno, ti ho detto di inopportuno: «Ehilà, Kṛṣṇa!», «Ehilà Yādava!», «Ehilà, compagno!», l'ho detto nell'ignoranza della tua maestà, per errore [ma] anche per affetto.

42. E di quei trattamenti irrispettosi che per scherzo [ti ho inflitto], mentre ti svagavi, mentre ti riposavi, quando eri sdraiato o seduto, durante i pasti, solo o davanti a testimoni, io ti chiedo perdono, Acyuta, o tu Incommensurabile!

43. Tu sei il padre di questo universo mobile e immobile, così come il suo maestro spirituale adorabile e degnissimo di venerazione. Tu non hai uguali; [e] da dove potrebbe venire un altro che fosse superiore a te la cui potenza è incomparabile nei tre mondi?

44. Dunque io mi inchino rispettosamente, prosterno il mio corpo, chiedo grazia a te che sei il Signore degno di lode. Come un padre al figlio, come un compagno al compagno, come l'amico all'amato, ti si addice perdonare.

45. Vedendo ciò che mai si è visto prima, sono orripilato; la mia mente freme di paura. O dio mostrami quella forma di prima; grazia, Signore degli dèi, tu che hai fatto dell'universo la tua dimora!

46. Portatore del diadema e della mazza, col disco in mano, è così che desidero vederti, o [Signore] dalle mille braccia, o Onniforme, presentati sotto quella forma che [non] ha [che] quattro braccia!

Il Beato Signore disse:

47. Col mio favore, o Arjuna, e grazie alla mia potenza, ti ho mostrato questa forma suprema, di natura ardente, universale, infinita, primordiale ch'è mia e che fino a oggi non è stata vista da altri che te.

48. Né i Veda, né i sacrifici, né gli studi dotti, né le elemosine, né le opere rituali o le austerità rendono possibile a chiunque altro fuori di te di contemplarmi sotto questa forma nel mondo degli uomini, o eroe insuperabile fra i Kuru!

49. Non tremare, non cadere nello smarrimento alla vista di questa mia forma temibile. Libero da timore, con mente lieta, contempla di nuovo questa forma che è veramente la mia.

Sañjaya disse:

50. Vāsudeva, dopo essersi rivolto in questi termini ad Arjuna, gli mostrò di nuovo la sua forma abituale e lo rassicurò nel suo spavento assumendo ancora una volta, lui, il grande Essere, la sua forma corporea benigna.

Arjuna disse:

51. Vedendo questa tua benigna forma umana, Janārdana, ritrovo ora il coraggio e rientro nel mio stato naturale.

Il Beato Signore disse:

52. Tu hai visto quella forma così ardua a vedersi ch'è mia. Gli dèi stessi non cessano di aspirare alla contemplazione di quella forma.

53. Né i Veda, né le austerità, né le elemosine o i sacrifici danno la possibilità di contemplarmi sotto la forma che tu hai visto,

54. ma soltanto una devozione [che non distoglie lo sguardo] verso nessun altro rende possibile il conoscermi e il penetrare in me realmente, o Arjuna, tormento dei tuoi nemici!

55. Colui che mi dedica le opere che compie, colui del quale io sono il fine supremo, mio devoto, libero da ogni attaccamento e da ogni ostilità verso l'insieme degli esseri, quegli viene a me, o Pāṇḍava!

Il canto XI, che è stato chiamato *Visione dell'Onniforme*, descrive il momento in cui il Bhagavant dà ad Arjuna una specie di visione sintetica di tutte le forme precedentemente elencate. Lo fa a sua richiesta, sottolineando che si tratta di un favore assolutamente insigne e al quale, in questo mondo, nessuno può accedere. Del resto Arjuna sarebbe incapace di sopportare una simile visione col suo sguardo umano; perché possa riuscirvi, il Signore gli concede uno sguardo 'divino'.

(8) *Potenza yogica* traduce semplicemente *yoga*; quasi ci si aspetterebbe *māyā*.

(9) *Hari*, «il Fulvo», è uno dei nomi di Viṣṇu; il titolo di *Grande Maestro dello yoga* è sorprendente perché si tratta di un privilegio che abitualmente appartiene a Śiva.

(17) *Diadema, mazza* e *disco* sono attributi di Viṣṇu, anche nelle sue rappresentazioni correnti.

Nei versetti 15-31 Arjuna recita una specie di inno analogo a quello del canto precedente. I *grandi veggenti* (21): i *ṛṣi*; i *perfetti*: i *siddha*. I *sādhya* (22) sono una classe di divinità inferiori, i riti e le preghiere personificati che abitano sia nel cielo degli dèi, sia nello spazio intermedio. Se ne contano talvolta dodici, talvolta diciassette. *Tutti-gli-dèi* (*viśvadeva*) è la designazione di divinità minori, chiamate talvolta nel Veda «dèi protettori». Anticamente se ne annoveravano dieci, alcuni dei titolari appartenendo ad altri gruppi, come Vasu, Kāma e anche Kāla, il Tempo. I *bevitori di oblazioni* rappresentano una categoria di mani.

Come Bhagavant era precedentemente qualificato «Grande Maestro dello yoga», nel versetto 32 si assimilerà al tempo, che è uno degli aspetti costanti di Śiva.

(33) *Che hai abile la mano sinistra* forse ha il significato di ambidestro, oppure allude all'abilità di Arjuna nel tiro con l'arco.

(34) *Jayadratha* è un principe della dinastia lunare; era re del Sindhu e aveva sposato l'unica figlia di Dhṛtarāṣṭra, il che ne fa l'alleato naturale dei Kaurava. Arjuna lo ucciderà nel quattordicesimo giorno della battaglia.

Sempre sul tono della litania, nel versetto 37 Arjuna riprende la sua lode, proclamando il Bhagavant superiore a Brahmā stesso. Lo celebra alla maniera in cui le *Upaniṣad* celebrano il Brahman: *Imperituro, l'Essere e il Non-Essere e,* aggiunge, *ciò che è al di là.*

(41) *Yādava*: discendente di Yadu; sul piano umano, Kṛṣṇa appartiene alla stirpe di Yadu, fratello di Puru, l'antenato dei Kaurava e dei Pāṇḍava, che per questo sono designati con l'appellativo comune di Paurava.

Gli ultimi versetti pronunciati da Kṛṣṇa (52-55) preparano il canto seguente; egli vi proclama la superiorità della devozione (*bhakti*) rispetto alle altre vie di salvezza.

CANTO XII

Arjuna disse:

1. Fra quelli che, perpetuamente unificati, ti servono con devozione e quelli che onorano l'Imperituro non-manifestato, quali sono i migliori esperti nello yoga?

Il Beato Signore disse:

2. Coloro che, unificati, assorbendo la mente in me, mi adorano costantemente, e che possiedono una fede estrema, costoro, ai miei occhi, sono gli yogin più perfetti.

3-4. Ma coloro che onorano l'Imperituro indefinibile e non-manifestato, onnipresente, inconcepibile, inalterabile, immobile e saldo, [pur] reprimendo da ogni parte la schiera delle loro funzioni sensibili e mantenendo il pensiero uguale in ogni punto, costoro, nella loro passione per il bene di tutti gli esseri, accedono a me.

5. Ma di coloro il cui cuore si attacca al non-manifestato assai maggiore è la pena, perché la via del non-manifestato è di doloroso e arduo accesso per gli esseri legati a un corpo.

6-7. Ma coloro che in me depongono tutti i loro atti, che non hanno altra gioia che me e mi adorano raccogliendo in me il loro pensiero con una disciplina esclusiva, per costoro io sono colui che li ritrae prontamente dall'oceano della trasmigrazione e della morte, essi, figlio di Pṛthā, che in me inseriscono il loro cuore.

8. Poni in me il tuo pensiero, introduci in me il tuo giudizio, tu dimorerai in me; su questo punto, non vi sono dubbi.

9. Nel caso che tu non potessi render saldo in me il tuo pensiero, Dhanaṃjaya, cerca allora di attingermi mediante la disciplina di una pratica assidua.

10. Nel caso che tu non fossi neppure capace di pratica assidua, prendimi come fine ultimo delle tue azioni. Anche soltanto dedicandomi i tuoi atti, otterrai la perfezione.

11. Nel caso che tu non potessi fare nemmeno questo, ricorri alla disciplina dell'unione con me; padroneggiandoti, pratica l'abbandono totale del frutto delle tue azioni.

12. Perché la conoscenza vale più della pratica assidua; il raccoglimento supera la conoscenza, l'abbandono dei frutti dell'atto supera il raccoglimento. La pace consegue immediatamente a tale abbandono.

13-14. Non portando odio a essere alcuno; amichevole e compassionevole, distaccato dal mio e dall'io, uguale nel dolore e nel piacere, paziente, sempre soddisfatto, lo yogin padrone di sé la cui risoluzione è salda, la mente e il giudizio fissati su di me, quegli, mio devoto adoratore, mi è caro.

15. Colui davanti al quale il mondo non trema di paura e che non ha paura del mondo, che è libero dalla gioia, dalla collera e dal timore, quegli mi è caro.

16. Colui che è indifferente, puro, capace, non impegnato, che abbandona ogni impresa, quegli, mio devoto adoratore, mi è caro.

17. Colui che non esulta, che non odia, non si affligge, non aspira a nulla, si disinteressa della prosperità come della sfortuna, quegli, mio devoto adoratore, mi è caro.

18-19. Colui che è uguale verso il nemico e l'amico, così come verso l'onore e il disonore, che rimane lo stesso nel freddo e nel caldo, nel piacere e nel dolore, libero da attaccamento, uguale nel biasimo e nella lode, silenzioso, che s'accontenta di tutto – qualunque cosa accada –, senza dimora [fissa], col pensiero saldo, pieno di devozione, quell'uomo mi è caro.

20. Quanto a coloro che servono con onore questa santa verità, quale [io l'ho] proferita, pieni di fede, prendendo me per fine supremo, costoro, miei devoti, mi sono sommamente cari.

Questo canto, detto *Disciplina della devozione*, è tutto consacrato al terzo modo di liberazione che viene a sovrapporsi a quello degli atti – (*karmayoga*) cioè il sacrificio nella prospettiva tradizionale e lo yoga secondo l'ottica della *Gītā* – e a quello della conoscenza, lo *jñānayoga*; da una parte l'insegnamento upanishadico, dall'altra le dottrine del sāṃkhya. Il terzo metodo, di ordine affettivo, poggia su un movimento reciproco che attira l'uno verso l'altro l'Assoluto e il relativo, il Signore e il suo fedele; il termine *yoga*, nel senso di disciplina e non nel senso tecnico, designa queste diverse vie di accesso al Supremo.

È importante una notazione del versetto 5, a causa del suo valore psicologico: è più facile attaccarsi a un Assoluto personale che a un Assoluto impersonale. Questo è il segreto del successo dei culti di devozione nel brahmanesimo come della fiducia nei bodhisattva del buddhismo. Bisogna scorgervi probabilmente anche l'influenza dei culti, diffusi in tutta l'India, a delle divinità locali, familiari, accessibili, divinità che sono state a poco a poco assimilate ai grandi dèi delle religioni settarie, Viṣṇu o Śiva.

I versetti 6 e 7 promettono la liberazione immediata a coloro che si affidano completamente a Kṛṣṇa. Nei versetti 8-12 il Bhagavant enumera i mezzi di tale abbandono alla Persona suprema; sembra presentarli in ordine di difficoltà decrescente, ma nel versetto 12 esalta il loro merito secondo l'ordine inverso.

Il versetto 17 offre delle opposizioni a due a due: *colui che non esulta* corrisponde a colui che *non si affligge* e colui *che non odia* a colui che *non aspira a nulla.*

CANTI XIII

Il Beato Signore disse:

1. Questo corpo, o figlio di Kuntī, è chiamato «il campo». Colui che lo conosce, gli esperti della questione lo dichiarano «conoscitore del campo».

2. E sappilo, discendente di Bharata, anch'io sono conoscitore del campo all'interno di tutti i campi. La conoscenza del campo e del conoscitore del campo, ecco quella che io ritengo la conoscenza [per eccellenza].

3. Tale campo, a chi appartenga, qual sia, a quali trasformazioni sia soggetto, donde sia; il conoscitore del campo, chi sia, quale sia la sua potenza, tutto ciò, in compendio, imparalo da me.

4. Più volte i Saggi ispirati hanno cantato separatamente questa scienza in composizioni metriche variate, e anche con le parole degli aforismi del Brahman, composti secondo l'ordine delle ragioni e il cui senso è ben determinato.

5-6. I grandi elementi, la funzione dell'«Io», l'intelligenza determinatrice e il non-manifestato, gli undici sensi e i cinque dominii sensibili, desiderio, avversione, piacere e dolore, l'insieme corporeo, la sensibilità, la resistenza, tale è il «campo» enunciato in compendio, con le sue trasformazioni.

7-8-9-10-11. [Praticare] modestia, franchezza, nonviolenza, pazienza, rettitudine, servizio pio del maestro, purezza, costanza, padronanza di sé, distacco dagli oggetti sensibili e distacco dall'io, constatare le deficienze e i mali inerenti alla nascita, alla morte, alla vecchiaia e alla malattia, astenersi dall'attaccamento che rende appassionatamente legati a figli, sposa, casa o qualsivoglia altro possesso, [mantenere] una costante equanimità di fronte agli avvenimenti, siano essi in accordo o in disaccordo con i nostri desideri, [dedicarsi] senza infrazioni alla devozione verso la mia persona, a esclusione di ogni altro legame, ricercare i luoghi ritirati, con disgusto per la società degli uomini, applicarsi in modo permanente alla conoscenza di sé, [avere] l'intuizione di ciò che significa la conoscenza del reale, ecco ciò che si proclama conoscenza e quanto se ne discosta è la non-conoscenza.

12. Enuncerò ora quel conoscibile con la cui conoscenza s'ottiene ciò che è immortale: il Brahman senza inizio, supremo; lo si dice né essere né nonessere.

13. Dovunque esso ha mani e piedi, dovunque occhi, teste, bocche; dovunque, dotato del potere di udire, si erge nel mondo, avviluppando tutte le cose.

14. Le proprietà di tutti i sensi lo manifestano, ma

esso è sprovvisto di ogni senso, senza attaccamento, porta tutto e, senza qualità, sperimenta le qualità.

15. Esterno e interno agli esseri, immobile e mobile, a causa della sua sottigliezza è incomprensibile; è lontano ed è vicinissimo.

16. Indivisibile, si presenta come diviso fra gli esseri; conservatore degli esseri è questo conoscibile [e anche] grande divoratore e dotato di sovrana potenza creatrice.

17. È detto luce delle luci, al di là delle tenebre; esso è la conoscenza, l'oggetto della conoscenza e il fine della conoscenza. Dimora nel cuore di ciascuno in particolare.

18. Così il campo e parimenti la conoscenza e il conoscibile sono enunciati in compendio. Mio pio adoratore, sapendo questo, accedi al mio essere.

19. Sappi che la natura naturante e la monade spirituale sono l'una e l'altra senza inizio, e sappi che le modificazioni e le qualità sono prodotte dalla natura.

20. La natura è chiamata causa in quanto assume le funzioni di agente nel rapporto fra antecedenti ed effetti; la monade spirituale è chiamata causa in quanto assume la funzione di soggetto affettivo dei piaceri e dei dolori.

21. È invero nella misura in cui risiede nella natura che la monade spirituale fa l'esperienza affettiva delle qualità prodotte dalla natura. L'attaccamento che essa porta alle qualità è causa produttrice relativamente alle sue nascite in buone o cattive matrici.

22. Spettatore, consenziente, sostegno, soggetto affettivo, grande signore, supremo Sé: così viene chiamata la monade spirituale, quando risiede in un corpo.

23. Colui che così conosce la monade e la natura con le sue qualità, in qualunque modo si comporti non rinasce più.

24. Alcuni vedono il Sé attraverso il Sé per mezzo del raccoglimento, altri per mezzo della disciplina della speculazione metafisica, e altri per mezzo della disciplina dell'azione.

25. Ma altri [ancora], incapaci di simili approcci del pensiero autonomo, offrono il servizio del culto dopo aver ricevuto da altri l'insegnamento. Anch'essi, totalmente dediti a tale rivelazione, passano al di là della morte.

26. Ogni volta che nasce un essere, animato o inanimato, sappi, toro dei Bhārata, che ciò avviene per mezzo dell'unione del campo e del conoscitore del campo.

27. Vede veramente chi vede il Sovrano Signore che risiede ugualmente in tutti gli esseri periturì, essendo, egli, imperituro.

28. Vedendo che il Signore risiede dovunque allo stesso modo, egli non fa alcun male a se stesso; così raggiunge il fine supremo.

29. Colui che vede che gli atti sono prodotti dalla natura, e altresì che il Sé non è agente, quegli vede [giusto].

30. Quando giunge a scoprire che la distinzione degli esseri si fonda sull'unità e non è che una semplice espansione di quest'ultima, allora egli accede al Brahman.

31. Poiché è senza inizio e senza qualità, il supremo Sé è immutabile; anche quando risiede nel corpo, o figlio di Kuntī, non agisce, non è contaminato.

32. Come, per la sua sottigliezza, l'etere che s'estende dovunque non è contaminato, così il Sé, che risiede dovunque nel corpo, non [ne] è contaminato.

33. Come il sole illumina da sé solo tutto questo mondo, così il possessore del campo rischiara tutto il campo, o discendente di Bharata!

34. Coloro che percepiscono mediante l'occhio della conoscenza che il campo e il conoscitore del campo sono così diversi, come la liberazione della natura e degli esseri, costoro vanno al [termine] supremo.

Nel canto XIII, *Disciplina del conoscibile e del conoscitore*, il tono cambia; ci si ritrova in un'atmosfera assai più speculativa. A questi due elementi il Bhagavant ne aggiunge, del resto, un terzo: anch'esso conoscitore, ma questa volta conoscitore insieme del conoscibile e di colui che conosce, cioè del corpo (*kṣetra*) e delle diverse monadi spirituali. La spiegazione evoca quella fornita dal sāṃkhya classico quando tratta del Manifestato, del Non-Manifestato e di colui che conosce l'uno e l'altro. Lo studio del «campo», in particolare, corrisponde parzialmente a quello del Manifestato nelle *Sāṃkhya Kārikā* e tutto questo passo della *Gītā* contribuisce a chiarire le dottrine ulteriori; del resto non bisogna perdere di vista il fatto che la *Bhagavadgītā* deve esser stata composta in tempi diversi e che queste parti, speculative possono benissimo essere posteriori ai primi canti. Lo studio che il sāṃkhya fa del Manifestato concerne un «corpo particolare» evolventesi a partire dal Non-Manifestato indistinto e comune a tutti. L'evoluzione descritta – compresi gli elementi sottili – è di ordine psicologico, e gli elementi grossolani, in questa prospettiva, sono da considerare soltanto nella misura in cui entrano nella composizione di questo corpo particolare. Tale posizione – confermata nel versetto 26 – è più chiara nella *Gītā* che nei testi filosofici; è degna di nota, nel versetto 4, una allusione agli *aforismi del Brahman,* che parla a favore di una elaborazione tardiva di questo canto.

Ai costituenti materiali, quali ce li presenta – benché in un ordine diverso – il sāṃkhya classico, i versetti 5 e 6 aggiungono una serie di manifestazioni di ordine psicologico, che si ammette facciano parte del «campo», cioè del mondo materiale considerato unicamente sotto l'angolazione dell'essere incarnato. Si tratta delle virtù sattviche, di cui i versetti 7-11 ci forniscono una enumerazione che costituisce l'essenza stessa della conoscenza specifica del *jīva* purificato.

Ma tale «campo» non è conoscibile che nella prospettiva dell'evoluzione naturale. La vera conoscenza si applica a tutt'altro oggetto: il Brahman, definito come lo era nelle *Upaniṣad* (12). Al versetto 13 si trova una descrizione analoga a quella incontrata più volte nella *Śvetāśvataropaniṣad* (III, 3, 14; il testo di III, 16 è uguale a quello della *Gītā*).

In certo modo, il versetto 19 presenta la coppia natura naturante (*prakṛti*) e monade spirituale (*puruṣa*) come nel sāṃkhya classico; la differenza fondamentale viene dal fatto che qui la monade sperimenta affettivamente i *guṇa* perché risiede nella natura, mentre nel sāṃkhya è il principio intelligente (*buddhi*) che sperimenta quello affettivo, rispecchiando la coscienza caratteristica del *puruṣa.* Ma la conoscenza di questi due princìpi è già sufficiente qui (23) per garantire la liberazione.

Il versetto 25 ricorda che l'insegnamento ricevuto e accettato permette, come il pensiero autonomo, di liberarsi dalle trasmigrazioni e dalla morte. Il versetto 34 stabilisce la differenza fra il campo e il conoscitore del campo; allo stesso modo in cui le *Sāṃkhya Kārikā* (11) stabiliscono la differenza fra *prakṛti* e *puruṣa*.

CANTO XIV

Il Beato Signore disse:

1. Io ti insegnerò anche la conoscenza che oltrepassa le conoscenze, [quella] ch'è suprema. Avendola conosciuta, tutti i Saggi se ne sono andati da questo basso mondo alla perfezione suprema.

2. Prendendo appoggio su tale conoscenza, accedendo all'identità di natura con me, essi non [ri]nascono – fosse anche al momento della grande creazione cosmica – essi non vacillano – fosse anche al momento dell'universale dissolvimento.

3. Il grande Brahman ha per me il ruolo di matrice. È in esso che io depongo l'embrione; è da esso che tutti gli esseri traggono la loro origine, o discendente di Bharata!

4. Gli esseri che hanno una forma, o figlio di Kuntī, qualunque sia la matrice in cui si producono,

il grande Brahman è loro matrice [comune] e io sono il padre loro, datore di seme.

5. Sattva, rajas, tamas: tali sono le qualità uscite dalla natura naturante; son esse che incatenano al corpo l'immutabile incorporato.

6. Tra di esse il sattva, a causa del suo carattere immacolato, è luminoso ed esente dal male. È mediante l'attaccamento al piacere ch'esso incatena, e mediante l'attaccamento alla conoscenza, o eroe senza macchia!

7. Sappi che il rajas ha per essenza la passione, che esso è la fonte della concupiscenza e dell'attaccamento; incatena l'incorporato mediante l'attaccamento all'azione, figlio di Kuntī!

8. Quanto al tamas, sappi che nasce dall'ignoranza e che svia tutti gli esseri incarnati. Esso incatena, o discendente di Bharata, mediante l'errore, la pigrizia e il torpore.

9. Il sattva avvince al piacere, il rajas all'atto, o discendente di Bharata! Quanto al tamas, in verità, obnubilando la conoscenza, avvince all'errore.

10. È dominando il rajas e il tamas, che il sattva prevale; è ciò che fa il rajas, dominando sattva e tamas e, parimenti, il tamas, quando domina sattva e rajas.

11. Allorché, in questo corpo, la luce-conoscenza si verifica a tutte le porte [dei sensi], si deve sapere, in verità, che il sattva si è accresciuto.

12. L'avidità, l'agitazione, le azioni intraprese, il

non-riposo nell'azione, il desiderio ardente si producono quando il rajas si è accresciuto, o toro dei Bhārata!

13. L'eclissi [di ogni luce], l'inattività, l'indolenza, lo smarrimento si producono quando il tamas si è accresciuto, o tu che allieti i Kuru!

14. Ora, quando il sattva si è accresciuto e il portatore del corpo muore, questi giunge allora ai mondi senza impurità di coloro che conoscono il Supremo.

15. Quando il rajas si è accresciuto e il portatore del corpo muore, questi [ri]nasce fra coloro che si dedicano all'azione. Parimenti, se muore quando il tamas si è accresciuto, [ri]nasce fra le matrici degli smarriti.

16. Si dice che il frutto senza macchia dell'atto ben compiuto è sattvico, che il frutto del rajas è dolore e il frutto del tamas è l'ignoranza.

17. Dal sattva nasce la conoscenza, dal rajas la cupidigia; la negligenza e lo smarrimento procedono entrambi dal tamas, così come l'ignoranza.

18. Coloro che risiedono nel sattva stanno in alto, i rajasici stanno nel mezzo, i tamasici, che dimorano nel modo di esistenza della qualità inferiore, vanno verso il basso.

19. Quando il veggente scopre che non vi è altro agente che le qualità e conosce colui che è estraneo alle qualità, [allora] accede al mio essere.

20. Avendo superato le tre qualità che producono

il corpo, l'incorporato, liberato dalla nascita, dalla morte, dalla vecchiaia e dal dolore, accede all'immortale.

Arjuna disse:

21. Quali sono i segni caratteristici dell'uomo che ha superato le tre qualità, o Signore? Come si comporta? E come supera quelle tre qualità?

Il Beato Signore disse:

22. O figlio di Pāṇḍu, né la luce, né l'attività, né, poi, lo smarrimento sono per lui oggetti di avversione quando sono in atto, né oggetti di attrazione quando non agiscono.

23-24-25. Colui che, rimanendo seduto, come indifferente, non è turbato dalle qualità e che, dicendosi «sono le qualità che agiscono», rimane fermo [e] non vacilla, che, uguale nel piacere e nel dolore, restando in se stesso, ritiene uguali la zolla di terra, una pietra o dell'oro, che guarda come equivalenti il gradevole e lo sgradevole, quel saggio per cui sono pari biasimo e lode personali, colui che riguardi e disprezzo lasciano indifferente, che è il medesimo verso i partiti amico o nemico e che rinunzia a ogni impresa, è costui che si dice aver superato le qualità.

26. E colui che mi rende un culto con devozione che non vien meno, quando ha superato le qualità, è idoneo ad assorbirsi nel Brahman.

27. Perché sono io il fondamento del Brahman, dell'immortale, dell'immutabile, dell'ordine eterno, della beatitudine assoluta.

Il canto XIV, *Descrizione della triplice ripartizione delle qualità*, è altrettanto segnato dalla speculazione sāṃkhya e, come i successivi, si distingue per un gusto della classificazione estremamente indiano.

Partendo dal principio che, nell'ordine naturale, tutto è composto dai tre *guṇa* – qualità costitutive della *prakṛti* – si conclude che, nello stato evoluto, uno dei *guṇa* prevale sugli altri due, conferendo a tutto ciò che esiste la sua colorazione particolare.

La nozione di Brahman, matrice dell'universo, risale alle *Upaniṣad*; l'immagine è ripresa nei versetti 3 e 4, ma subordinando il Brahman al Puruṣa, cioè al Bhagavant. Tale posizione è menzionata di nuovo nel versetto finale (27).

Quanto alla stessa teoria dei *guṇa*, si presenta nella forma più classica. Non si parla affatto di far sparire i due ultimi nella pura luce del *sattva*, perché il versetto 20 ingiunge di superare le tre qualità – produttrici del corpo, dunque generatrici di rinascite.

L'equanimità deve, anch'essa (22), esercitarsi rispetto a tutte le qualità.

CANTO XV

Il Beato Signore disse:

1. Si parla di un fico sacro imperituro le cui radici sono in alto e i rami in basso, le cui foglie sono i metri vedici. Colui che lo conosce conosce il Veda.

2. I suoi rami si estendono verso il basso e verso l'alto; essi crescono a partire dalle qualità, hanno per germogli gli oggetti sensibili. Verso il basso le sue radici, trascinate dal legame degli atti, si prolungano nel mondo degli uomini.

3-4. Non si percepisce, quaggiù, la sua forma così descritta, né la sua fine, il suo inizio o la sua crescita. Quando, per mezzo di uno strumento tagliente – il distacco –, si è tagliato il fico sacro dalle radici completamente cresciute, bisogna poi ricercare il luogo dal quale, quando lo si è attinto, non si ritorna [dicendo]: «Io mi affido alla Persona primordiale, da cui è emanato l'antico impulso creatore».

5. Liberati dall'orgoglio e dall'illusione, vittoriosi sul vizio dell'attaccamento, sempre intenti al Sé, coloro che si sono sbarazzati dei desideri, liberati dalle coppie dei contrari – piacere, dolore, e così via – accedono all'immutabile.

6. Né il sole, né la luna, né il fuoco lo rischiarano, quel [luogo] donde una volta giuntivi non si ritorna: è la mia sede suprema.

7. Una parte di me stesso – eterna –, divenuta un vivente nel mondo dei viventi attira a sé i sensi di cui il senso interno è il sesto, e che sono inerenti alla natura naturante.

8. Ogni volta che egli, loro signore, entra in un corpo o ne esce, prendendoli con sé, li porta via, come il vento porta con sé gli odori fuori del loro supporto.

9. Stabilitosi nell'orecchio, nell'occhio, nel tatto, nel gusto, nell'odorato e nella mente, il Signore fa uso degli oggetti sensibili.

10. Che esca dal corpo, vi soggiorni o, associato alle qualità, vi fruisca del sensibile, le persone sviate non lo scoprono, ma coloro che possiedono l'occhio della conoscenza lo vedono.

11. Gli yogin, che si sforzano in vista di ciò, lo vedono anch'essi, presente in se stessi. Ma qualsiasi sforzo facciano, gli esseri sprovvisti di spiritualità e la cui vera personalità rimane incompiuta, costoro non lo vedono.

12. Quello splendore che, incorporato nel sole, il-

lumina la totalità dell'universo, e quello splendore che è nella luna e nel fuoco, sappi che è mio.

13. Penetrando la terra, sono io che sostengo gli esseri con la mia energia e, in quanto Soma di cui la linfa è l'essenza, sono io che nutro tutte le piante.

14. Sono io che, in quanto Vaiśvānara, dimorando nel corpo di tutti gli esseri animati, associato ai soffi espirato e inspirato, digerisco la quadruplice specie di nutrimento.

15. Entrato nel cuore di ciascuno, da me [provengono] la memoria, la conoscenza e il ragionamento negativo. Sono io quello che tutti i Veda rivelano; io sono l'autore del vedānta e il conoscitore del Veda.

16. Questi due princìpi spirituali sono nel mondo: il perituro e l'imperituro. Il perituro sono tutti gli esseri. Colui che sta alla sommità lo si chiama l'Imperituro.

17. Ma vi è un altro principio spirituale, supremo, detto il Sé sovrano, che, penetrando i tre mondi, li sostiene, egli, il Signore immutabile.

18. Poiché io supero il perituro e sono anche supremo rispetto all'imperituro, per questa ragione mi si celebra nel mondo e nel Veda come la Persona suprema.

19. Colui che, libero da smarrimento, mi conosce così come la Persona suprema, quegli, onnisciente, mi adora con tutto il suo essere, o discendente di Bharata!

20. Tale è l'insegnamento segretissimo che ora ti

ho dato, o senza macchia! Quando lo si è compreso, si raggiunge il risveglio e si è adempiuto il proprio compito, o discendente di Bharata!

Una volta passati al di là delle qualità e giunti al Brahman, si accede, come afferma nella conclusione il canto XIV, al Bhagavant, Persona suprema, fondamento del Brahman. Il canto XV è consacrato alla *Disciplina della Persona suprema.*

I primi tre versetti trattano del *fico sacro,* l'albero cosmico le cui radici sono in cielo. Il versetto 7 dichiara che ogni vivente è una particella della Persona suprema, particella che porta con sé gli organi della conoscenza e il senso interno e così li fa entrare in un corpo o abbandonarlo. Nei versetti 7 e 8 vi è come un ricordo dell'insegnamento delle *Upaniṣad* concernente il soffio (*prāṇa*), ma nei versetti 9-12 risuona piuttosto l'eco delle speculazioni sull'ātman. Tuttavia, come sempre lungo tutta la *Gītā,* si ritorna, servendosi di immagini antiche, alla personificazione dell'Assoluto, e il Bhagavant ricorda, al versetto 13, che è lui il sostegno di tutti gli esseri.

(14) *Vaiśvānara* significa «che è comune a tutti gli uomini»; fra l'altro nelle *Upaniṣad* si ritrova un fuoco che porta questo nome.

L'affermazione del versetto 15, *io sono l'autore del vedānta,* venendo a rafforzare quella del canto XIII, 4 sugli aforismi del Brahman, sembra confermare la data relativamente tarda di questi passi.

La classificazione stabilita nei versetti 17 e 18 ricorda ancora la ripartizione delle *Sāṃkhya Kārikā*: l'*avyakta* (il Non-Manifestato) che è imperituro, il *vyakta* (il Manifestato) che, sorto dal Non-Manifestato, vi ritorna nel momento della dissoluzione e, coeterna al Non-Manifestato, la monade spirituale indipendente (*puruṣa*). Ma qui il rapporto è cambiato poiché non si tratta di una giustapposizione di due princìpi, ma di una subordinazione dell'uno all'altro.

CANTO XVI

Il Beato Signore disse:

1-2-3. L'intrepidezza, la purezza luminosa del sattva, la fermezza nella conoscenza e la concentrazione, la liberalità, la padronanza di sé, il sacrificio, lo studio, la mortificazione, la rettitudine, la non-violenza, la veracità, l'assenza di collera, la rinunzia, la pace, l'assenza di calunnia, la pietà verso gli esseri, l'assenza di cupidigia, la dolcezza, la modestia, la ponderatezza, l'energia, la pazienza, la tolleranza, la fermezza, la purezza, la benevolenza, l'assenza di vanità sono propri di chi è destinato dalla nascita alla condizione divina, o discendente di Bharata!

4. La falsità, l'arroganza, l'infatuazione, la collera, la durezza e l'ignoranza sono proprie di colui che è destinato dalla nascita alla condizione asurica, o figlio di Pṛthā!

5. La condizione divina è assunta per preparare alla liberazione, quella asurica alla servitù. Non af-

fliggerti, o figlio di Pāṇḍu, tu sei nato per la condizione divina.

6. Esistono in questo mondo due serie di creature: quella divina e quella asurica. Ti ho insegnato di quella divina in modo dettagliato; apprendi da me quella ch'è l'asurica, o figlio di Pṛthā!

7. Le persone di condizione asurica non conoscono né [le norme dell']attività né [quelle del] non-agire. In loro non si trova purezza più che buon comportamento o veracità.

8. Esse professano che l'universo è senza realtà, senza fondamento, senza un Signore sovrano, senza coesione reciproca dei propri elementi e non ha che il desiderio – e che altro? – per unica causa.

9. Ostinandosi in tale visione, quegli esseri di poca intelligenza, che hanno rovinato il proprio Sé, nascono per la rovina del mondo, violenti e funesti in se stessi.

10. Contando soltanto sul desiderio, insaziabili, dotati di falsità, di orgoglio, di passione, adottando, per effetto dello smarrimento, una condotta malvagia, essi vanno agendo secondo costumi impuri.

11-12. Inchiodati a una inquietudine incommensurabile che ha termine soltanto con la loro morte, avendo per fine ultimo il godimento degli oggetti della loro passione, convinti che in questo stia la misura [di tutte le cose], incatenati da centinaia di speranze intralcianti, avendo per vie [d'elezione] la cupidigia e la collera, essi si adoprano a ottenere il godimento degli oggetti dei loro desideri [e] ad accumulare ingiustamente ricchezze.

13. «Ho acquistato questo, oggi; otterrò quell'oggetto che desidero». «Ho molti beni; ne avrò ancora molti [altri] di più».

14. «Ho ucciso questo nemico; ne ucciderò ancora altri». «Io sono il padrone». «Possiedo ogni godimento». «Ho raggiunto il successo completo. Sono forte. Sono felice».

15. «Sono ricco». «Sono di nobile estrazione». «Chi altri è mio pari?». «Offrirò sacrifici; farò elargizioni. Mi rallegrerò». Questo dicono nello smarrimento della [loro] ignoranza.

16. Sviati dalla moltitudine dei loro pensieri, avviluppati nelle reti dello smarrimento, intenti a godere degli oggetti delle loro passioni, essi cadono nell'inferno impuro.

17. Infatuati di se stessi, irrigiditi nella loro presunzione, dotati di ricchezze, di orgoglio e di passioni, offrono con ipocrisia e senza conformità alle sante regole sacrifici che sono tali soltanto di nome.

18-19. Dediti all'egoismo, alla forza, all'orgoglio, alla libidine e alla collera, odiandomi nel loro corpo ed in quello degli altri esseri, invidiosi, questi individui odiosi, ultimi fra gli uomini, io li rigetto incessantemente, questi esseri impuri, nelle matrici asuriche.

20. Accedendo, di nascita in nascita, a una matrice asurica, questi sperduti, o figlio di Kuntī, senza mai riuscire a raggiungermi vanno poi ad una via inferiore.

21. Questa è la triplice porta dell'inferno che di-

strugge il Sé: libidine, collera e anche cupidigia; si deve rinunziare a questa triade.

22. O figlio di Kuntī, l'uomo che è scampato a queste tre porte delle tenebre si avvicina al suo bene, poi va al [suo] fine ultimo.

23. Chiunque, abbandonando le prescrizioni dei trattati [tradizionali], agisce sotto il dominio del desiderio, questi non ottiene né perfezione, né felicità, né fine ultimo.

24. È perciò che, per quanto concerne ciò che bisogna fare e non fare, i trattati sono la misura delle cose. Quaggiù tu devi agire conoscendo quello che le sacre ingiunzioni enunciano.

Il canto XVI offre una classificazione delle diverse categorie di esseri divini e demoniaci (asurici), da cui il suo titolo: *Disciplina della ripartizione delle condizioni divine e demoniache.*

I primi tre versetti enunciano le virtù – positive o negative – tutte di essenza sattvica, che caratterizzano gli esseri di condizione divina. Vi si ritrovano, in secondo piano, idee appartenenti a un sāṃkhya preclassico: far predominare il *sattva* sugli altri due *guṇa*. Non si parla in seguito né di *rajas* né di *tamas* a proposito degli esseri asurici, ma la menzione del *sattva* nella categoria opposta sembra respingerli entrambi dalla parte demoniaca. Forse è sottinteso – e sarà questa la dottrina delle *Sāṃkhya Kārikā* (53-54) – che fra il mondo degli dèi impregnato di *sattva* e quello degli animali, in cui domina il *tamas*, la creazione umana è, per natura, rajasica, ma ciò non è mai espresso qui e sembra che, in entrambi i casi, la specie umana sia la sola in causa.

Il versetto 8 respinge l'ateismo, e tutto ciò che si avvicina al materialismo, nella condizione demoniaca; quanto ai versetti 18-20, provano chiaramente che, contrariamente a quella che sarà la dottrina classica, le nature asuriche sono ben distribuite fra gli uomini.

Nella conclusione il testo (23-24) esprime riverenza verso la tradizione, poiché parla di *prescrizioni dei trattati.* È possibile che vi sia qui, dato l'uso del termine *kāma* (21), «desiderio» – o *libidine* – un ricordo della *Praśnopaniṣad* I, 13 e 15. Il versetto 13 dell'*Upaniṣad,* in particolare, diceva: «Prajāpati è il giorno e la notte... sprecano il respiro coloro che, per voluttà, si congiungono di giorno... La regola brahmanica è che ci si congiunga di notte».

CANTO XVII

Arjuna disse:

1. Coloro che, avendo respinto le regole dei trattati, sacrificano pieni di fede, qual è il loro stato, o Kṛṣṇa? È esso [dell'ordine] del sattva, del rajas o del tamas?

Il Beato Signore disse:

2. Di tre specie è la fede delle anime incarnate; essa proviene dalla loro natura individuale: sattvica, rajasica, tamasica. Ascolta, [io] la [insegno].

3. La fede di ciascuno, o discendente di Bharata, è conforme al [suo] essere. Quest'uomo qui è pieno di fede. Quello che si crede, si è.

4. Gli esseri sattvici sacrificano agli dèi, gli esseri rajasici agli yakṣa e ai rākṣasa; quanto agli altri, gli esseri tamasici, sacrificano ai trapassati e alle schiere di spettri.

5-6. Le persone che praticano una austerità terribile in disaccordo con le prescrizioni dei trattati, piene di falsità e di egoismo, abitate dalla forza bruta del desiderio e della passione, queste insensate torturano il gruppo degli elementi situati nel loro corpo, e anche me che risiedo nel loro corpo: sappi che le loro convinzioni sono asuriche.

7. Il cibo preferito da ciascuno è parimenti relativo alle tre specie e così i sacrifici, le austerità, i doni; ascolta questa loro suddivisione.

8. Sono cari alle persone virtuose i cibi che accrescono la durata della vita, la virtù, la forza, la salute, l'euforia, la gioia, e che sono saporiti, untuosi, sostanziosi e gradevoli.

9. I cibi amari, acidi, salati, eccessivamente caldi, piccanti, aspri, brucianti sono quelli che desiderano gli esseri appassionati; essi producono malessere, paura e malattia.

10. Ciò che ha già servito, il cui sapore se ne è andato, ciò che è fetido o raffermo, e anche i resti impuri, tale è l'alimento gradito agli esseri tamasici.

11. Il sacrificio offerto da chi non si aspetta ricompensa alcuna e lo compie in considerazione della regola sacra, con la mente concentrata su questo unico pensiero: «Bisogna sacrificare», senza nulla di più, questo è il sacrificio sattvico.

12. O migliore tra i discendenti di Bharata, considera passionale il sacrificio offerto col pensiero dei vantaggi che procura o anche per [semplice] ostentazione.

13. È detto tamasico il sacrificio sregolato, senza elargizioni di cibo, senza formule sacre, senza onorari [per i sacerdoti], e sprovvisto di fede.

14. Il culto reso agli dèi, ai nati-due-volte, ai maestri spirituali, ai saggi, la purezza, la rettitudine, la castità e la non-nocività: questo si chiama «ascesi corporale».

15. Il linguaggio che non turba né ferisce, che è veridico, gradevole e benefico, così come lo studio personale assiduo, è quanto viene detto «ascesi della parola».

16. La chiara serenità della mente, la dolcezza, il riserbo silenzioso, la padronanza di sé, la purezza di sentimenti, è quanto viene detto «ascesi mentale».

17. Questa triplice austerità, quando è praticata con la fede più alta da persone che non si aspettano ricompensa alcuna e che stanno in raccoglimento, è detta sattvica.

18. L'austerità che si pratica per ottenere onori, riguardi, venerazione, o per ostentazione, quaggiù, è detta rajasica, instabile, effimera.

19. L'austerità che si pratica con una ostinazione cieca, torturandosi, o allo scopo di annientare altri, è detta tamasica.

20. Il dono fatto soltanto col pensiero che bisogna donare [anche] a chi non è [nostro] benefattore, dono effettuato a luogo e tempo adatti in favore di un beneficiario adatto, è ritenuto sattvico.

21. Ma il dono praticato sia ricambiando un be-

neficio, sia controvoglia o in vista di un beneficio, quel dono è ritenuto rajasico.

22. Il dono che non è praticato né a luogo né a tempo adatti, né in favore di un beneficiario adatto, [o fatto] senza riguardi, con disprezzo, quel dono è detto tamasico.

23. «OM!», «Tat!», «Sat!»: tale è la triplice designazione tradizionale del Brahman. Per suo mezzo furono un tempo istituiti i brahmani, i Veda e i sacrifici.

24. Di conseguenza, presso coloro che professano il Brahman, è sempre dopo l'enunciazione di OM che si procede alle opere del sacrificio, del dono e dell'ascesi quali le ingiungono le regole [concernenti i riti].

25. Dopo l'enunciazione di «tat» e senza aver di mira alcun vantaggio, coloro che aspirano alla liberazione praticano le diverse opere del sacrificio, dell'ascesi e del dono.

26. Si usa l'espressione «sat» riferendosi al fatto di essere realmente, e di essere buoni; si usa parimenti la parola «sat», o figlio di Pṛthā, riferendosi a un'opera lodevole.

27. La perseveranza nel sacrificio, l'ascesi e il dono sono detti anch'essi «sat»; così pure è chiamata «sat» l'azione che ha un tale scopo.

28. Ogni opera [compiuta] senza fede: libagione, dono, ascesi o pratica, è detta «asat», o figlio di Pṛthā; essa non esiste né dopo la morte né quaggiù.

Questo canto che tratta della Triplice ripartizione della fede si avvicina alla dottrina classica in quanto contempla le conseguenze della predominanza di ciascuno dei *guṇa*. Ma è nella condizione umana ch'esso ne studia le ripercussioni, in particolare per quanto concerne la fede di un individuo e il suo comportamento religioso nelle tre prescrizioni ereditate dalle epoche anteriori: sacrificio, austerità e dono.

Arjuna comincia con una domanda riguardante coloro che hanno *respinto le regole dei trattati* ma possiedono la fede i quali, nell'abituale prospettiva indiana, sono dei rinunzianti.

Il Bhagavant risponde dicendo che la fede, come gli altri sentimenti umani, ha una colorazione diversa a seconda che sia più particolarmente influenzata dall'uno o dall'altro dei costituenti naturali (3); per corollario questa affermazione, che *quello che si crede, si è*; affermazione che riproduce un'antica nozione: colui che conosce il Brahman, e dunque crede in lui, si identifica col Brahman.

Secondo la classificazione del versetto 4, sembra che gli *yakṣa* e i *rākṣasa* non abbiano qui un carattere veramente demoniaco; ma i versetti 5 e 6 riaffermeranno la nozione asurica del canto precedente; nello stesso tempo, condannano le austerità eccessive: la devozione esaltata dalla *Gītā* è una via di confidenza e non di sforzi penosi. L'idea è ripresa poco dopo.

I versetti 8, 9, 10 suddividono i cibi preferiti da ciascuna delle tre categorie; non bisogna dimenticare l'importanza del cibo nella prospettiva tradizionale. I versetti 11, 12 e 13 suddividono allo stesso modo i sacrifici. Quanto ai versetti 14-17, potrebbero collegarsi direttamente al versetto 6 perché indicano come, in questo insegnamento, l'ascesi debba essere interiorizzata e come essa si esprima nel comportamento dell'individuo, nel suo linguaggio e nel suo atteggiamento mentale. Dopo un'esaltazione di quella ch'è l'austerità di natura sattvica, s'espone lo svolgimento del medesimo processo determinato dal *rajas* (18) e dal *tamas* (19).

Il dono – in particolare il dono ai brahmani – aveva,

sul piano tradizionale, una grande importanza; anche il dono rivestirà tre modi conformemente ai tre *guṇa* (20-22).

OM! la sillaba mistica che riassume tutto il Veda e simboleggia il Brahman è data qui insieme con altri due monosillabi, *tat* e *sat* (23). *Tat* è il pronome dimostrativo che viene assimilato al Brahman nella celebre formula *tat tvam āsi*, «tu sei *quello*». Quanto a *sat*, participio presente della radice AS, «essere», significa letteralmente «l'esistente» ma viene tradotto comunemente con «Essere» opposto al Non-Essere (*asat*). Per estensione, *sat* rappresenta anche ciò che è per eccellenza: da cui il significato di «buono», «santo», che spiega le speculazioni degli ultimi versi.

Le osservazioni del versetto 28 sull'*asat* significano che l'opera compiuta senza le condizioni richieste non solo non è buona, ma, sotto ogni rispetto, non esiste, è «Non-Essere».

CANTO XVIII

Arjuna disse:

1. Vorrei conoscere distintamente, [Signore] dalle grandi braccia, la vera natura della rinunzia e quella dell'abbandono, o Hṛṣīkeśa, distruttore di Keśin!

Il Beato Signore disse:

2. I saggi ispirati conoscono la «rinunzia» come il rigetto delle azioni interessate. Gli esperti chiamano «abbandono» l'abbandono dei frutti di ogni specie di azione.

3. Alcuni pensatori proclamano che bisogna [puramente e semplicemente] rigettare l'azione, perché, dicono, essa è [intrinsecamente] viziata. E altri affermano che non si devono rigettare le opere che sono il sacrificio, il dono e l'ascesi.

4. Ascolta qui, dalla mia bocca, o migliore fra i di-

scendenti di Bharata, quello che è certo riguardo all'abbandono: si dichiara, infatti, o tigre fra gli uomini, che l'abbandono è di tre specie.

5. Le opere che sono il sacrificio, il dono e l'ascesi non devono essere respinte, ma compiute obbligatoriamente. Il sacrificio, il dono e l'ascesi sono dei mezzi di purificazione agli occhi dei pensatori [avveduti].

6. Ma queste stesse opere devono essere compiute respingendo ogni attaccamento e rinunziando ai loro frutti: tale è, figlio di Pṛthā, il mio giudizio certo e definitivo.

7. Non è certo opportuno rinunziare a un'opera prescritta. L'atteggiamento di rifiuto, per quanto la concerne, proviene dallo smarrimento; esso è stigmatizzato come tamasico.

8. Se si abbandona l'azione dicendo che è dolorosa e per timore di un dolore corporale, si pratica un abbandono rajasico e non si raccoglie il frutto del proprio abbandono.

9. L'azione prescritta, di cui ci si sdebita col solo pensiero che si deve compierla, evitando ogni attaccamento e senza considerarne il frutto: in essa sta, Arjuna, l'abbandono ritenuto sattvico.

10. L'astinente non ha avversione per le azioni penose né prova attrazione per le azioni gradevoli. È imbevuto di sattva, saggio, e tutti i suoi dubbi sono recisi.

11. È impossibile, di fatto, che, essendo portatori di un corpo, si rigettino completamente gli atti. Ma

colui che abbandona il frutto degli atti, questi è detto «astinente».

12. Il frutto dell'atto è di tre specie: desiderabile, indesiderabile o misto; dopo la morte spetta a chi non lo respinge, mai però alle anime che hanno operato la rinunzia.

13-14. Apprendi dunque da me, guerriero dalle grandi braccia, le seguenti cinque cause; sono enunciate nelle dottrine sāṃkhya e [operano] per il compimento di tutti gli atti. Sono: il potere, poi l'agente, lo strumento – di diversi tipi –, i singoli gesti esecutivi di più specie infine viene un altro, il quinto, il destino.

15. Qualunque azione un uomo intraprenda, sia essa corporale, vocale o mentale, sia essa corretta o perversa, sono appunto quelle le cinque cause.

16. Stando così le cose, colui che considera come agente unicamente il Sé, quell'uomo debole di mente, a causa dell'immaturità del suo giudizio, non vede realmente.

17. Colui il cui comportamento non è egocentrico e il cui pensiero non è impuro, anche se uccidesse [tutti] questi mondi, non uccide e non è incatenato.

18. Conoscenza, conoscibile e soggetto conoscente costituiscono il triplice incitamento all'azione. L'organo, l'azione e l'agente formano l'insieme a tre elementi dell'azione.

19. La conoscenza, l'azione e l'agente sono di tre specie secondo la differenziazione che vi introduce

la predominanza di una delle qualità. Ciò è spiegato dall'enumerazione delle qualità.

20. Quella conoscenza mediante la quale si considera in tutti gli esseri un'essenza unica, immutabile, indivisa negli esseri divisi, sappi che è sattvica.

21. Ma quella conoscenza che identifica a una a una essenze varie e diverse in ogni cosa, sappi che è rajasica.

22. Quanto a quella che, senza ragione, si lega a un effetto [esteriore] e a uno solo, come se fosse tutto, [quella] il cui oggetto è irreale, è detta tamasica.

23. L'azione prescritta, libera da ogni attaccamento, compiuta senza passione né odio da un agente che si disinteressi del suo frutto, è detta sattvica.

24. Ma, d'altra parte, quell'azione che è compiuta con molti sforzi da un agente che aspiri alla voluttà, oppure egoista, è detta rajasica.

25. L'azione intrapresa ciecamente, senza considerarne le conseguenze, le perdite che comporta, i danni che fa subire, la forza che richiede, è detta tamasica.

26. L'agente libero da attaccamento, che non dice «Io», che è dotato di fermezza, di coraggio e non toccano né successo né insuccesso, è detto sattvico.

27. L'agente appassionato, desideroso di ottenere il frutto dell'azione, avido, incline alla violenza, impuro, soggetto alla gioia e alla sofferenza, è ritenuto rajasico.

28. L'agente trascurato, volgare, irrigidito nell'orgoglio, perfido, disonesto, indolente, depresso ed esitante è detto tamasico.

29. Ascolta, secondo le qualità, la triplice differenziazione del giudizio e della fermezza, mentre io la enuncio in modo esauriente e punto per punto, o Dhanaṃjaya!

30. Saper discernere l'agire e il non-agire, quello che si deve fare e quello che non si deve fare, quello che si deve temere e quello che non si deve temere, la schiavitù e la liberazione, questo giudizio è sattvico, o figlio di Pṛthā!

31. Quello mediante cui si conosce – ma in modo non corretto – ciò che è lecito e ciò che non è lecito, religiosamente parlando, ciò che si deve fare e che non si deve fare, è il giudizio rajasico, o figlio di Pṛthā!

32. Colui il cui giudizio è avviluppato di oscurità, che stima lecito l'illecito e [mantiene] sugli oggetti un'opinione contraria [rispetto al buon senso], costui è detto tamasico.

33. La tenacia che, con una padronanza incessante, sostiene le attività della mente, i soffi vitali e i sensi, questa tenacia è detta sattvica, o figlio di Pṛthā!

34. Ma la tenacia mediante la quale, o Arjuna, un essere che aspira con molto attaccamento ai frutti delle sue opere sostiene i suoi doveri, piaceri o interessi, questa [tenacia], figlio di Pṛthā, è rajasica.

35. E quell'ostinazione tenace a non sbarazzarsi

della sonnolenza, del timore, dell'angoscia, della depressione e dell'ebbrezza, essa, stupida, è tamasica.

36-37. E ora, o toro tra i discendenti di Bharata, apprendi dalla mia bocca le tre specie di benessere. Quello in cui ci si compiace mediante un esercizio assiduo e dove si giunge al termine della sofferenza, che all'inizio pare un veleno e, al termine della trasformazione, pare ambrosia, ecco quel benessere ch'è detto sattvico, che nasce dalla trasparenza di un'intelligenza [fissata] nel Sé.

38. Il benessere procurato dalla congiunzione dei sensi e degli oggetti sensibili che, all'inizio, pare ambrosia e, al termine della trasformazione, pare veleno, è considerato rajasico.

39. Il benessere che, all'inizio e in seguito, continua a sviare l'anima e proviene dal torpore, dalla mollezza e dalla negligenza, questo è detto tamasico.

40. Non vi è essere in terra né in cielo che possa essere affrancato da quelle tre qualità costitutive nate dalla natura.

41. O tormento dei tuoi nemici, i doveri di brahmani, kṣatriya, vaiśya e śūdra si suddividono in funzione delle qualità primordiali da cui nascono i loro caratteri distintivi.

42. Serenità, padronanza di sé, purezza, pazienza, rettitudine, conoscenza acquisita [dei testi santi], intuizione spirituale, pietà, tali sono, a causa della loro stessa natura, i doveri dei brahmani.

43. Eroismo, impeto, fermezza, abilità, [rifiuto di] fuggire nel combattimento, liberalità, autorità, tali

sono, a causa della loro natura, i doveri degli kṣatriya.

44. Lavoro dei campi, custodia del bestiame, commercio, sono i doveri naturali dei vaiśya; quanto ai doveri degli śūdra, a causa della loro [stessa] natura, si contentano di servire.

45. L'uomo che si compiace del proprio dovere particolare attinge la perfezione. Ascolta come, attraverso tale compiacimento per il proprio dovere, egli trova questa perfezione.

46. È onorando, attraverso l'esecuzione del proprio dovere, quegli da cui tutti gli esseri provengono e che è sotteso a tutto questo universo, che l'uomo raggiunge la perfezione.

47. È meglio [assolvere], anche in modo difettoso, il proprio dovere piuttosto che, correttamente, un dovere estraneo. Compiendo l'opera prescritta dalla propria natura non si cade in errore alcuno.

48. O figlio di Pṛthā, non si deve abbandonare il proprio dovere naturale, anche se ci si sdebiti da esso mediocremente, perché ogni impresa è circondata da difetti, come il fuoco dal fumo.

49. Con la mente libera da attaccamento a tutto, se si ha trionfato su se stessi, dissipata ogni cupidigia, si accede alla suprema perfezione del non-agire.

50. Apprendi da me in compendio, figlio di Kuntī, come, quando si è ottenuta la perfezione, si ottiene parimenti il Brahman che è la più alta cima della conoscenza.

51-52-53. Colui che, con un giudizio purificato, si padroneggia fermamente, respinge gli oggetti dei sensi – suoni, e così via –, ripudia sia amore che odio, abita in luoghi appartati, mangia leggermente, disciplina la parola, il corpo e la mente, si dedica al metodo del raccoglimento, prende sostegno costante nel distacco, lascia da parte l'egocentrismo, il ricorso alla forza, l'orgoglio, la cupidigia, la collera, l'istinto di possesso, che è disinteressato, calmo, quegli è idoneo a ricongiungersi alla natura del Brahman.

54. Identificato col Brahman, con l'anima chiara e serena, egli non si affligge più, non ha più nulla da sperare; equanime verso tutti gli esseri, ottiene la suprema devozione verso di me.

55. Mediante tale devozione, egli mi riconosce tanto grande e tale, quale io sono in realtà; conoscendomi realmente, egli penetra immediatamente in «quello».

56. E benché non cessi di compiere tutti gli atti [che gli competono], prendendo in me il suo rifugio, per mia grazia, ottiene la sede eterna e immutabile.

57. Dedicandomi mentalmente tutti gli atti, ponendo il tuo fine in me, ricorrendo alla disciplina unitiva della mente, mantieni senza sosta il tuo pensiero [fissato] in me.

58. Col pensiero fissato in me, per mia grazia, sorpasserai tutti gli ostacoli; ma se, per infatuazione, non mi ascolti, tu perirai.

59. Se, riferendoti al tuo Ego, tu pensi: «Io non

combatterò», questa decisione è fallace. La tua natura [ti] soggiogherà.

60. O figlio di Kuntī, legato dal tuo dovere proprio procedente dalla tua natura, quello che, nel tuo smarrimento, non vuoi fare, lo farai, fosse pure tuo malgrado.

61. O Arjuna, il Signore sta in tutti gli esseri nella regione del cuore, facendoli girare per la sua magia, come automi.

62. È lui solo che, con tutto il tuo essere, devi prendere come rifugio, o discendente di Bharata; col suo favore, attingerai la pace suprema, la tua dimora eterna.

63. Così ti ho rivelato questa scienza più misteriosa del mistero [stesso]. Meditala senza nulla omettere, poi fa' quello che vuoi.

64. [Tuttavia] apprendi ancora dalle mie labbra il segreto più grande, la parola suprema: tu mi sei indefettibilmente caro: per questo ti dirò ciò che ti è salutare.

65. Che la tua mente rimanga in me, che sia rivolta a me la tua devozione; per me i tuoi sacrifici, a me i tuoi omaggi e tu verrai a me: in verità, te lo prometto, [perché] tu mi sei caro.

66. Abbandonando tutti i [tuoi] doveri vieni a cercare rifugio soltanto in me; io ti libererò da tutti i mali; non ti affliggere.

67. Questo [insegnamento] tu non devi comunicarlo a chi non pratica l'ascesi, a chi è senza devo-

zione, senza docilità [e] nemmeno a chi fosse malevolo nei miei riguardi.

68. Colui che, fra i devoti, spiegherà questo mistero supremo, praticando verso di me la più alta devozione, quegli giungerà a me: è una certezza.

69. Fra gli uomini, nessuno lo supererà nel compimento di opere che mi sono care e sulla terra nessun altro mi sarà più caro di lui.

70. E chi apprenderà a memoria questo dialogo santo che ci siamo scambiati, considero che mi avrà adorato col sacrificio della conoscenza.

71. E anche l'uomo che si accontentasse di ascoltarlo con fede e senza prevenzione, anche quello sarà liberato e accederà ai mondi auspiciosi di coloro che hanno compiute opere meritorie.

72. Figlio di Pṛthā, hai ascoltato [tutto] ciò con mente concentrata? Il tuo sviamento, dovuto all'ignoranza, si è dileguato, Dhanaṃjaya?

Arjuna disse:

73. Il mio sviamento si è dileguato; grazie a te, Acyuta, ho ritrovato la mia presenza di spirito. Eccomi in piedi, liberato dal dubbio. Eseguirò il tuo comando.

Sañjaya disse:

74. Così ho udito quel dialogo meraviglioso, entusiasmante, che si sono scambiati Vāsudeva e il magnanimo figlio di Pṛthā.

75. Grazie a Vyāsa, ho appreso questo mistero supremo, questa disciplina unitiva di Kṛṣṇa, il maestro dello yoga che la enunciava di persona, sotto i miei occhi.

76. O re, ogni volta che mi ritorna alla memoria quel dialogo meraviglioso e santo fra Keśava e Arjuna, io fremo di un'esaltazione sempre rinnovata.

77. E ogni volta che mi ritorna alla memoria quella forma assolutamente prodigiosa, grande è la mia meraviglia ed esulto sempre di nuovo.

78. Là dove è Kṛṣṇa, il maestro dello yoga, là dove è l'arciere, figlio di Pṛthā, là, ne sono convinto, si trovano [riunite] la fortuna, la vittoria, la prosperità durevole e la buona politica.

Il soggetto del canto è indicato a partire dalla prima domanda di Arjuna: si tratta, per concludere, della *Disciplina della rinunzia liberatrice.* Il Pāṇḍava stabilisce una distinzione fra la rinunzia pura e semplice e l'abbandono del frutto degli atti. Secondo la risposta del Bhagavant (2), sembra che l'abbandono abbia una portata maggiore della rinunzia.

Il versetto 3 ci riporta ai discorsi dei primi canti. Vi è fatta distinzione fra le azioni in generale e le opere pie che beneficiano di uno statuto speciale.

Il Bhagavant risponderà a proposito di quest'ultima specie di azioni – *sacrificio, ascesi* – che non devono essere respinte (5). Anch'esse seguono una classificazione in rapporto coi *guṇa*; non è che una ripresa, insomma, del canto precedente, se non fosse che si insiste particolarmente sul carattere di *opera prescritta* (7).

I versetti 10 e 11 stabiliscono di nuovo la differenza tra il rifiuto dell'atto e quello, semplicemente, del beneficio che potrebbe conseguirne. Il *frutto dell'atto* (12) qui descritto, è un frutto karmico che matura dopo che l'anima individuale ha abbandonato il corpo.

Ripartiti in piena atmosfera speculativa, i versetti 13-17 abbozzano una teoria della causalità che dicono presa dal sāṃkhya. Ancora una volta, l'esposizione non coincide davvero con quella delle *Kārikā*. Per queste, la vera causa, la causa iniziale, sarà la spontaneità della natura, cui la *Gītā* ha fatto allusione in precedenza ma di cui non parla affatto qui. Quanto alla lista delle cinque cause, nella prospettiva delle *Kārikā*, le prime quattro non sono che semplici antecedenti che si succedono: potere, agente, strumento usato dall'agente e gesti necessari all'esecuzione; quanto alla quinta – il destino – essa non ne parla. La parola qui tradotta con *destino* può anche rivestire, nella prospettiva umana, l'aspetto del caso; la *Śvetāśvataropaniṣad* – altro testo del sāṃkhya non classico – lo ripudiava esplicitamente (I, 2).

Nell'enumerazione della *Gītā* si potrebbe essere tentati di pensare che si tratti dapprima essenzialmente della causalità sacrificale, per cui il passo avrebbe delle risonanze molto tradizionali nella seguente prospettiva: si devono eseguire gli atti prescritti.

Ma, al versetto 16, la prospettiva si avvicina assai maggiormente a quella delle spiegazioni classiche: la causalità è semplicemente di ordine naturale e il principio naturale vi sta del tutto a parte, come già era affermato nel canto III, 27; il che contraddice il canto XIII, 20 dove si concedeva alla monade spirituale un ruolo di causa in quanto assumeva la funzione di soggetto affettivo.

A partire dal versetto 18, si tratta di un'attività psicologica con tendenze intellettuali e non più di attività sacrificale. Vi si danno, come i tre elementi incitanti all'azione: il potere di conoscere, il conoscibile e l'agente individuale della conoscenza. A questi tre elementi le tre qualità conferiscono ciascuna la propria colorazione speciale. La loro triplice influenza si esercita anche sul giudizio (30-33), sulla forma di *tenacia* dell'individuo (33-35) e anche sul «benessere» di ciascuno (36-39). Il *benessere* traduce la parola *sukha*, resa di frequente col suo significato forte di «felicità», ma il cui significato primo è piuttosto vicino a uno stato di «agio».

Il versetto 40 riserva una sorpresa sul piano dell'interpretazione delle dottrine. La teoria classica, quella che traspariva nei testi precedentemente incontrati, è quella delle qualità legate indissolubilmente fra loro e la cui unione costituisce la natura. Quando si trovano in equilibrio, la natura resta allo stato involuto; quando l'equilibrio è distrutto, la natura indistinta si trasforma nella molteplicità del distinto. Qui si dice espressamente: le *tre qualità... nate dalla natura,* mentre, normalmente, esse non ne sono nate poiché sono coesistenti a essa e costituiscono la sua stessa trama.

I versetti successivi (41-44) fanno pensare che si sia tentato l'abbozzo di una classificazione delle caste secondo i *guṇa,* benché ciò non sia espresso esplicitamente.

Le nozioni sviluppate nei versetti 45-50 offrono una glossa del versetto 35 del canto III; il versetto 47, del resto, lo riprende quasi parola per parola.

I versetti 51-53 forniscono una descrizione dell'uomo dabbene (cfr. II, 55-59), quello che è idoneo ad attingere il Brahman ed è molto vicino al ritratto dello yogin (VI, 10-14) e all'enumerazione delle virtù sinonime di conoscenza (XIII, 7-11).

Una notazione interessante al versetto 59: lo *svadharma,* dovere individuale di casta, esercita una forza coattiva nel campo della realizzazione, non è solo un obbligo morale.

Il Signore... nella regione del cuore (61) ricorda dei passi upanishadici ma è da notare che i rapporti fra l'Assoluto personificato e il cuore saranno molto più importanti in seguito, presso gli shivaiti del Kaśmīr, in particolare, dove il Signore (Śiva, questa volta) non è soltanto vicino al cuore ma è il cuore stesso di ogni essere e il cuore dell'universo intero.

Nel finale, il Bhagavant ritorna sul punto centrale dei culti di *bhakti*: *in verità... tu mi sei caro* (65); è su questa inclinazione del Signore per il fedele che poggerà la devozione vishnuita.

La raccomandazione limitativa del versetto 67 è tradizionale; la si trovava già – benché sotto forma leggermente diversa – alla fine della *Chāndogyopaniṣad*. Quanto alle promesse concernenti coloro che propagano, imparano a memoria o semplicemente ascoltano il testo di questo dialogo santo, esse costituiranno, nelle età successive, la conclusione di quasi tutti i trattati di devozione.

Nel versetto 73 Arjuna esprime al Bhagavant la sua docilità e, di conseguenza, la sua ritrovata attitudine al combattimento.

Gli ultimi cinque versi rispondono ai primi: Sañjaya racchiude il dialogo tra alcuni versi di un racconto-cornice. Dice di aver *udito* tutto egli stesso, ma aggiunge – il che è difficilmente compatibile – che grazie a Vyāsa egli lo ha *appreso*: Vyāsa, il compilatore, ma, nel *Mahābhārata*, l'antenato dei protagonisti.

Leggendo di seguito i diciotto canti della *Bhagavadgītā*, si misura fino a che punto l'opera sia costituita, come tutto il *Mahābhārata*, di pezzi diversi, dove la speculazione ha in fondo un ruolo molto secondario.

Alla maniera delle *Upaniṣad*, i passi si succedono in una concatenazione molto arbitraria. La composizione generale è a maglie larghe; quella d'ogni canto non lo è di meno. Gli stessi temi tornano a più riprese, talvolta trattati in modo diverso.

Quanto alle parti speculative, non somigliano che di lontano a quanto noi designeremmo con tale termine; per apprezzare l'insieme nel suo vero valore, non bisogna mai perdere di vista il suo carattere fondamentalmente epico.

L'insegnamento che riveste un'importanza così grande per il pensiero religioso indiano si riassume in poche parole. Esso concerne essenzialmente la rinunzia al frutto dell'atto – l'atto ch'è spesso inteso nel significato tradizionale di opera pia. Del resto, tutto ciò che è rito o adorazione spetta di diritto all'Assoluto personificato che si situa al di là dell'unità della natura naturante e della molteplicità delle monadi spirituali. Ma la rinunzia al beneficio dell'azione non comporta in alcun modo il non-agire; con cuore distaccato e concentrato nel Signore, ciascuno deve sforzarsi – secondo la sua natura, cioè secondo la sua nascita – di compiere il proprio dovere personale. Questo è dettato dal suo dovere di stato: la conseguenza immediata, nel caso che serve da pretesto a questo lungo dialogo, è che, respingendo lungi da sé gli scrupoli e la compassione che lo assalivano prima del combattimento, lo kṣatriya Arjuna deve lanciarsi nella mischia e sforzarsi di far trionfare le sue armi.

Tutto il resto si presenta come speculazioni annesse, il cui interesse è documentario, ma che non tratta dell'essenziale.

NOTA SULLA «BHAGAVADGĪTĀ»

DI MARIO PIANTELLI

Il testo che il lettore si trova qui tra le mani non è soltanto un classico della spiritualità dell'India in mezzo ai tanti che questo subcontinente, sempre teso alla conquista d'una dimensione perenne nell'ambito dell'esperienza umana, è venuto producendo secolo dopo secolo, con fervore instancabile. È importante che se ne afferri la posizione d'eccezionale prestigio. Le parole della *Gītā* echeggiano nelle pagine di decine di migliaia di libri. Esse plasmano pensieri, emozioni, aspirazioni di milioni di uomini. Dai palazzi fastosi dei *Rāja* alle povere capanne dalle pareti di terra battuta dei contadini, dagli eremi silvestri alle gradinate sulle rive dei fiumi santi dell'India, il campo di battaglia di Kurukṣetra, immobile e come sospeso dalla *Māyā* divina attorno ai due protagonisti del dialogo dissertanti della vita e della morte, domina solenne sullo sfondo degli eventi che si succedono nella esistenza dei grandi e degli umili.

Il *Mahābhārata*, che accoglie nel suo centro ideale la *Gītā* e le fornisce una vastissima cornice, è la narrazione in versi delle vicende intricate, drammatiche, eroiche, delle famiglie regali della pianura del Gange all'epoca del primo insediarsi in essa delle stirpi degli *Ārya*, portatrici d'una lingua indoeuropea, il sanscrito, e d'una cultura di cui i *Veda* ci forniscono un'immagine fedele. In questa narrazione i personaggi che in tali antichissimi testi compaiono soltanto come qualche nome corredato, tutt'al più, d'una o due magre allusioni, acquisiscono una fisonomia chiara, sotto l'azione di una consapevolezza creativa che si vuole riscoperta di tradizioni immemoriali: Agastya, Viśvāmitra, Purūravas, Śunaḥśepa, Kṛṣṇa e tanti altri sono rivissuti in questa operazione poetica e consegnati da essa a tutta la letteratura successiva con un volto ormai immutabile. I miti che sono oggetto d'oscuri riferimenti nelle *saṃhitā* vediche, e che il grande sforzo esegetico dei *Brāhmaṇa* tenta di recuperare in parte, nel *Mahābhārata* compaiono innanzi a noi politi, elegantemente interconnessi, tratteggiando un'economia delle potenze divine ch'è la base del ricco lavoro di elaborazione compiuto dai *Purāṇa*. Sotto molti punti di vista il *Mahābhārata* è configurabile, in effetti, come il primo e più antico dei *Purāṇa*, e insieme a essi forma il tesoro ricchissimo della multiforme tradizione dell'India. Non è un caso che la figura dell'Ordinatore (*Vyāsa*) Kṛṣṇa Dvaipāyana, il veggente immortale figlio di Satyavatī e del divino asceta Parāśara, ch'è riguardato come il sistematore del corpo dei *Veda*, sia anche quella del narratore del *Mahābhārata* e, attraverso il resoconto del suo discepolo Romaharṣaṇa, dei *Purāṇa*: la continuità di queste fonti è un fatto innegabile.

Non siamo a conoscenza né dell'epoca né della forma in cui il *Mahābhārata* fece originariamente la sua comparsa. La narrazione che funge da cornice alle altre, la lotta del principe esule e dei suoi sostenitori contro il rivale che rifiuta di lasciargli riprendere il potere dopo l'esilio, con il disperato presenziare alla guerra fratricida del vecchio monarca cieco, è forse una antichissima saga indoeuropea, che sta alla base della storia dei sette contro Tebe così come del racconto norreno della battaglia di Brávellir analizzato da Stigwikander. Le antiche raccolte in versi (*itihāsa*) di elementi leggendari e di miti che confluirono in esso circolarono per secoli e secoli, con ogni probabilità, prima di fondersi nell'edificio maestoso del poema. L'*Āśvalāyanagṛhyasūtra*, che fa parte della letteratura dei *Vedāṅga*, sembra alludere a un testo dal titolo di *Bhārata* (3, 4, 4); l'*Aṣṭādhyāyī* di Pāṇini riporta (al maschile anziché al neutro) il nome *Mahābhārata*; questi indizi potrebbero far pensare che verso il V secolo a.C. la narrazione fosse già presente, in uno stato che ci è difficile ricostruire; che si tratti proprio di essa può vedersi sia dall'allusione, sempre in Pāṇini (4, 3, 98), alla coppia di *Vāsudevārjuna*, gli interlocutori della *Gītā* – in cui il primo dei due è posto in testa contro le regole (trattandosi del nome più lungo dovrebbe andare in fondo) per rispetto –, sia dalla comparsa di alcuni versi mahabharatiani nel *Baudhāyanadharmasūtra*, probabilmente risalente alla stessa epoca dei due testi appena citati. Il *Mahābhārata* stesso ha qualcosa da dire sulla propria storia. Esso si presenta come recitato dall'asceta Vaiśaṃpāyana (che l'aveva udito da Kṛṣṇa Dvaipāyana stesso, il suo maestro) negli intervalli del sacrificio celebrato su ordine del *Rāja* Janamejaya al fine d'attirar fra le fiamme i serpenti di tutta la terra, e specialmente il loro monarca Takṣaka, che col suo morso aveva ucciso il padre di Janamejaya, Parikṣit. Questi eventi, attenendosi alla cronologia tradizionale indiana, sarebbero avvenuti verso il 3000 a.C. Sempre secondo il *Mahābhārata*, la recitazione ebbe luogo in due forme: estesa e sintetica (*samāsa*). Ulteriori informazioni, più particolareggiate, contenute nella parte introduttiva dell'opera fanno menzione di un nucleo di 8800 strofe, attorno a cui si dipana la vicenda del *Bhārata*, in 24.000 strofe, che ha, a sua volta, funzione centrale rispetto alle 100.000 strofe della stesura del *Mahābhārata* («Grande B.») vero e proprio; questa non è, poi, che una sintesi dell'opera originale, ammontante a ben 6.000.000 di strofe.

S'accenna anche ad autori ritenuti da alcuni precedenti a Kṛṣṇa Dvaipāyana: Manu, il Noè dell'India, e i veggenti Astīka e Uparicara. Non sappiamo a che epoca risalgono questi dati, in sé di alto interesse; l'estensione di 100.000 strofe si aveva già di sicuro in età Gupta (V secolo d.C.), poiché una fonte epigrafica di questa data – si tratta di una donazione regale di terre – la ricorda.

I numerosissimi manoscritti che ci sono pervenuti hanno dato occasione a un tormentato lavoro editoriale: l'edizione dell'Asiatic Society di Calcutta, 1834-39, e quella di Bombay, 1863, presentano la cosiddetta recensione settentrionale; l'edizione di Kumbhakonam, 1906-14, e quella di Madras, 1931-36, la recensione cosiddetta meridionale. La mirabile edizione critica del Bhandarkar Oriental Research Institute di Poona, dovuta alla munificenza del *Rāja* di Aundh, Balasaheb Pant, 1933-66, ci fornisce una recensione pazientemente ricostruita a partire da entrambe le precedenti, tenendo conto altresì di tutte le varianti e aggiunte dei più importanti manoscritti. Nessun'altra opera in India è stata fino a oggi curata con tanto rigore filologico, se si fa eccezione per le edizioni critiche del *Rāmāyaṇa* (Baroda, 1960-65) e dei *Purāṇa* (in progresso sotto gli auspici del *Mahārāja* di Benares). Una versione inglese di essa è stata condotta da J.A.B. van Buitenen fino all'*Udyogaparvan* incluso (*The Mahābhārata*, Chicago-London 1973, 1975 e 1978); la ammirevole fatica dello studioso è stata interrotta dalla sua morte.

Come ci è giunto, per lo meno nell'essenziale del racconto, il *Mahābhārata* deve corrispondere al testo com'era già noto in età Gupta: ventun libri (gli ultimi tre formanti un'appendice indipendente, l'*Harivaṃśa*) di circa 110.000 strofe in totale, di cui 20.000 dedicate all'esposizione della vicenda centrale. Si tratta del poema più ampio mai composto e la massa degli insegnamenti che vi sono raccolti su tutti gli aspetti della vita indiana, così com'era idealizzata dalle strutture canoniche del sentire poetico e della letteratura tecnica al momento del suo sorgere, è immensa. Un riassunto anche parziale della narrazione sarebbe qui fuori posto. Non mancano, anche in italiano, testi in cui lo si possa ricercare, dalla bella opera di Paolo Emilio Pavolini, *Mahābhārata, Episodi scelti e tradotti collegati col racconto dell'intero poema*, Palermo, 1902, alla recente sintesi di Oscar Botto, nella *Storia delle Letterature d'Oriente*, Milano, 1969, vol. III, pp. 48 sgg. Strumento eccellente per un primo accostarsi del lettore è, poi, l'ampia antologia curata da Vittore Pisani, *Mahā-*

bhārata, Episodi scelti, Torino, 1954. Qui si vorrebbe soltanto accennare, in funzione dell'argomento della *Gītā*, qualche tratto saliente delle figure dei due interlocutori e delle vicende che formano l'imponente sfondo del loro dialogo. L'eroe guerriero Arjuna (il cui nome significa «candido, chiaro, aureo») sembra esser già menzionato in *Ṛgveda* 1, 122, 5 e nella *Vājasaneyisaṃhitā* dello *Yajurveda* bianco. Nello *Śatapathabrāhmaṇa* un Arjuna è identificato colla figura divina d'Indra. Nei *Veda* essa si staglia gigantesca e la sua potenza annientatrice di limiti si manifesta con speciale predilezione nella tumultuosa vitalità delle bande armate degli *Ārya* lanciate in razzie e nel fragore delle tempeste.

Al momento della redazione del *Mahābhārata*, i tratti vedici di questo nume si sono considerevolmente ingentiliti: sparita la barba fiammeggiante da Thor, ridimensionato il ventre immenso sempre ricolmo di *Soma* inebriante, la bevanda sacra che gli conferisce energia sovrumana, discretamente taciuti i mille testicoli che ne fanno un super-maschio e il toro del cielo, Indra troneggia ormai a capo dei *Deva*, le antiche potenze dei *Veda*, come un *Rāja* raffinato e bellissimo, dal corpo stellato d'occhi innumerevoli; conserva la sua folgore adamantina, il *vajra*, ma ha abbandonato il carro da guerra per un maestoso elefante simile a una montagna di candide nubi, Airāvata, nato dalle onde marine. Nel suo palazzo superbo, allietato dalle perenni bellezze delle *Apsaras*, docili e appassionate, circondato dal fasto d'una corte divina, il dio provvede al funzionamento di quella parte di mondo che gli è soggetta, ma soprattutto è impegnato nella difesa del suo potere e della sua gloria da ogni minaccia, che essa venga dalla stirpe titanica degli *Asura*, costantemente intenti a tentar di detronizzare i *Deva* e usurparne le funzioni, o da qualche asceta troppo severo nell'osservanza dei suoi voti; costui dovrà esser blandito con promesse di doni, o distratto con ogni sorta di tentazioni, per impedire che accumuli potere sufficiente a sbalzare dal cielo il signore dei *Deva*. Occasionalmente, Indra è attirato tra i mortali anche da motivi diversi. Così, gli accade di dover obbedire a una formula onnipotente d'invocazione pronunciata dalla principessa Pṛthā, a cui l'aveva insegnata un brahmano, da lei devotamente accudito su comando del padre Kuntibhoja. Grazie alla formula, il Dio è costretto a generare in lei un figlio, ch'è, appunto, Arjuna: un suo alter ego destinato a gloria quasi divina. Lo sposo di Pṛthā, Pāṇḍu, reggente del regno dei Kuru con capitale Hastināpura, a nord-est di Delhi, a nome del cieco fratello maggiore Dhṛtarāṣṭra (già noto nella letteratura connessa alla *Kāthakasaṃhitā* dello *Yajurveda* nero), non può infatti unirsi a lei: su di lui pesa una maledizione, lanciata da un asceta che, tramutatosi in antilope per meglio godere le gioie dell'amor coniugale, è stato trafitto nel bel mezzo dell'accoppiamento, assieme alla sposa, dallo stesso Pāṇḍu immoderatamente dedito alla regale occupazione della caccia.

Secondo tale maledizione, qualsiasi rapporto sessuale lo ucciderebbe all'istante.

Pṛthā e l'altra moglie di Pāṇḍu, la più giovane Mādrī, sono dunque forzate a ricorrere alla sapienza sacra della prima, per procurargli una discendenza putativa. Ma la formula è efficace una sola volta per ogni divinità invocata, sicché, oltre a Indra, discendono via via a ingravidare Pṛthā d'altri figli semi-divini Dharma, l'Ordine cosmico, etico e giuridico personificato, da cui nasce Yudhiṣṭhira, il maggiore dei fratelli, e Vāyu, la potenza impetuosa del vento, che tanta importanza ha nella mitologia degli Indoeuropei (si pensi alla figura di Wotan!), da cui nasce il fortissimo Bhīma, il secondo di essi.

A sua volta, Mādrī invoca i gemelli divini, omologhi ai Dioscuri ellenici, i Nāsatya, e da loro genera a Pāṇḍu i gemelli Nakula e Sahadeva. L'infanzia di Arjuna e degli altri Pāṇḍava trascorre ad Hastināpura dopo la morte di Pāṇḍu, vittima della propria incontinenza, e di Mādrī, che l'ha seguìto sul rogo. Lo zio cieco li fa allevare assieme ai suoi cento rampolli tra i quali emerge, in rivalità crescente con i cugini, e specialmente con Bhīma, il malvagio Duryodhana, protagonista negativo della vicenda. Sfuggiti a un attentato da parte di costui, i cinque principi e Pṛthā abbandonano la capitale e affrontano numerose avventure in incognito; tra l'altro, Arjuna partecipa trionfalmente allo *svayaṃvara*, rito solenne d'elezione dello sposo, di Kṛṣṇā figlia di Drupada, *Rāja* dei Pañcāla, e ne vince la mano con una prova che ci rammenta quella d'Ulisse in incognito nell'Odissea. Ritornato, con la nuova moglie e i fratelli, alla casa dove la madre alloggia, prima di varcar la porta Arjuna grida, com'era solito dopo la questua quotidiana: «Anche oggi ci è toccato un dono!». Pṛthā risponde, credendo sia del cibo: «Godetelo tutti assieme». E in obbedienza al comando materno Arjuna mette la principessa in comune fra tutti i Pāṇḍava. Il padre di lei è placato dallo stesso Kṛṣṇa Dvaipāyana, che gli rivela come i cinque fratelli non siano che l'Indra di quell'epoca e quattro Indra d'epoche precedenti (anche i *Deva* muoiono e rinascono nella Weltanschauung indiana di cui il *Mahābhārata* è portatore), mentre sua figlia è Lakṣmī, la divina paredra del Dio Viṣṇu, la quale, con queste quintuplici nozze, ottiene il dono d'un consorte che, in una precedente esistenza, aveva invocato per cinque volte da Śiva, Signore dello *Yoga*, Distruttore e Purificatore dell'universo (il ruolo di questa figura divina nel *Mahābhārata* è stato recentemente analizzato con dovizia di particolari da Jacques Scheuer, *Śiva dans le Mahābhārata*, Paris, 1982). Le figure dei Pāṇḍava con le loro strane nozze poliandriche hanno fornito un tema tra i più interessanti alla riflessione interpretativa degli eruditi indiani e degli studiosi europei: si va da una identificazione di essi con i cinque sensi in rapporto con un'unica mente, o altre strutture analoghe, alla audace speculazione di Georges Dumézil, che ritiene di scorgere nei cinque fratelli la struttura (da lui còlta anche nei *Veda*) delle tre funzioni indoeuropee rispettivamente connesse alla regalità magica, a quella guerriera e alla fecondità, mentre Kṛṣṇā Draupadī loro sposa sarebbe una vivente sintesi di tali funzioni, come la dea Sarasvatī nel *Ṛgveda*. Lo studioso francese, che ha saputo lasciare una traccia di appassionati dibattiti e illuminanti intuizioni nel campo degli studi indoeuropeistici, ha di recente riformulato, in modo più articolato, le sue tesi, con una serie di puntuali riferimenti, nei due volumi di *Mythe et épopée*, Paris, 1968 e 1971; la sua lettura del *Mahābhārata*, da lui considerato chiave di primaria importanza per l'esame delle tradizioni più antiche del mondo indoeuropeo, è stimolante e piena di nuove aperture, anche se è difficile accettarla in toto.

In quest'occasione, era venuto allo *svayaṃvara* anche Kṛṣṇa Vāsudeva, *Rāja* degli Yādava. Egli, a quanto pare, è già menzionato in testi relativamente antichi nel corpo dei *Veda* quali l'ultimo libro del *Taittirīyāraṇyaka*, che l'identifica con Viṣṇu, e la *Chāndogyopaniṣad* (3, 17, 6), che lo chiama figlio di Devakī e ne fa il discepolo del veggente Ghora Āṅgirasa. Sulla preistoria di Kṛṣṇa vi sono diversi punti di vista tra gli studiosi di formazione occidentale: s'è suggerito, tra l'altro, che in origine vi fossero due figure: Kṛṣṇa e Vāsudeva, poi confluite in una sola. Di recente il Dandekar ha portato nuovi argomenti a sostegno di questa tesi. I tratti della biografia di questo eroe divino, quali ce li fornisce il *Mahābhārata* (specie nel *Viṣṇuparvan* dell'*Harivaṃśa*), si ritrovano sostanzialmente immutati nel CDLIV *Jātaka* del *Suttapiṭaka* Pāli; si suol porre nel V secolo a.C. il complesso delle tradizioni raccolte in questi testi buddhisti. L'antichità dei tratti in questione sembra provata anche dal loro emergere in fonti jainistiche; tra l'altro qualche elemento delle vicende giovanili di Kṛṣṇa e di suo fratello Rāma o Balarāma Saṃkarṣaṇa sembra strettamente connesso a un'antica saga indoeuropea responsabile anche del racconto dell'infanzia di Romolo e Remo (quest'ultimo nome è esattamente omologo al sanscrito Rāma!) nella tradizione romana e di Ciro in quella persiana. Nel *Mahābhārata*, Kṛṣṇa Vāsudeva (il cui nome significa «il nero», in netto contrasto con quello d'Arjuna) è cugino dei Pāṇḍava per parte di madre, e subito si lega con loro d'amicizia: a partire dall'incontro allo *svayaṃvara* egli diviene in qualche modo il fulcro delle vicende successive dei cinque fratelli. Il suo ruolo è quello di una sorta d'eminenza grigia, la cui presenza, talora determinante, si fa sentire specialmente nel consiglio sottile in momenti decisivi, nell'appoggio morale a decisioni spesso apparentemente contrarie alle regole cavalleresche della statica società degli *Ārya*. Momento di rottura e di crisi di valori, questo ruolo di Kṛṣṇa s'avvicina a un altro, più importante: l'inquietante, dinamica presenza del divino in lui. La sua meravigliosa e terribile epifania nell'undicesimo *adhyāya* della *Gītā* non è che il punto culminante di una lunga serie di indizi attraverso i quali di volta in volta questa presenza traspare, talora con estrema chiarezza, come nell'episodio della morte di Śiśupāla. L'orgoglio umano, la tranquilla sicurezza di chi si crede nel giusto, l'attaccamento a un mondo di formalismi rigidi che sembrano fissare le linee cangianti della vita in un edificio perenne, ma in fondo vacuo, trovano in Kṛṣṇa la loro tragica nemesi. La dolcezza e l'assoluta positività che la sua figura acquisterà nel successivo sviluppo della *Bhakti* non devono chiudere gli occhi del lettore della *Gītā* alla forza spaventosa che s'esprime in colui che parla in essa. Di fronte a questa forza l'uomo del *Mahābhārata* è nudo, indifeso, totalmente, pateticamente vulnerabile. Singolarmente importante è la posizione d'Arjuna nei confronti dell'uomo-Dio. Tra tutti i Pāṇḍava è lui ad approfondire maggiormente l'intimo rapporto d'amicizia con Kṛṣṇa. Quando, avendo intravisto involontariamente gli amplessi di Yudhiṣṭhira con Draupadī, Arjuna si esilia volontariamente per dodici anni, Kṛṣṇa gli è compagno affettuoso, e arriva fino a vedere con benevolenza il ratto da parte dell'amico di sua sorella Subhadrā.

Dalle nozze che ne conseguono, nascerà Abhimanyu, vivente testimonianza del legame tra i protagonisti del nostro dialogo e nonno di Janamejaya, che ha fornito l'occasione alla prima recita pubblica del *Mahābhārata*, inclusa la stessa *Gītā*, secondo la tradizione. Insieme, Kṛṣṇa e Arjuna ardono in un'epica impresa la selva di Khāṇḍava, massacrando legioni di serpenti, quasi in una prefigurazione del sacrificio di Janamejaya (in entrambi gli episodi l'irriducibile Takṣaka finisce per salvarsi, elemento di turbamento che nessuna azione umana o divina sembra poter debellare appieno). Quando, falliti i tentativi di conciliazione tra Duryodhana e i cinque fratelli, che hanno visto Kṛṣṇa in primo piano, infaticabile ambasciatore tra i contendenti divisi da tanti affronti antichi e recenti, scoppia il conflitto, Kṛṣṇa è, ovviamente, a fianco di Arjuna. Le circostanze della sua scelta sono illuminanti: la posizione degli Yādava è in bilico tra le due parti, come ben si vede dalla neutralità osservata da Balarāma. Quando Duryodhana e Arjuna si recano entrambi a sollecitare l'alleanza di Kṛṣṇa, egli lascia loro l'opzione tra un esercito di Yādava e la sua opera di consigliere inerme. È la quantità contro la qualità, se si vuole, ma è soprattutto una misura della eccezionale preziosità della parola di Vāsudeva, della potenza sconfinata del divino e insieme del rischio che deve affrontare chi vi si accosta con dedizione priva di compromessi. Arjuna, scegliendo Kṛṣṇa, è scelto da lui. L'aiuto in apparenza esilissimo, quasi inconsistente, del *Rāja* degli Yādava fa pesare la bilancia inflessibile del destino dalla parte dei Pāṇḍava, non senza che una massa di dolori segni per sempre l'animo dei vincitori: tutto ha il suo prezzo. Arjuna perde Abhimanyu e Śrutakīrti, il figlio che gli è nato da Draupadī; anche il nipotino, figlio di Abhimanyu e di Uttarā principessa dei Matsya, il piccolo Parikṣit, gli viene ucciso, mentre ancora è nel grembo materno, da un'arma sacra del terribile brahmano Aśvatthāman. Solo il pietoso intervento di Kṛṣṇa, che risuscita l'ultima speranza dell'amico, il bimbo nato morto, e maledice l'uccisore, giunge a procurare all'eroe un'ultima, debole consolazione. Passano gli anni. Muoiono Balarāma e Kṛṣṇa, vittime d'un destino tragico che investe tutta la stirpe degli Yādava; la loro capitale Dvārakā scompare tra le onde dell'oceano. La morte di Kṛṣṇa ci riporta altri antichi tratti indoeuropei: egli viene colpito da una freccia al calcagno, la sola parte del corpo in cui è vulnerabile; il paragone con la sorte d'Achille balza con immediata evidenza ai nostri sguardi. Arjuna si trova affidate le numerose spose dell'uomo-Dio, e le scorta verso la pianura del Gange; ma, durante il viaggio, assaliti da una banda di selvaggi, il suo braccio indebolito non è in grado di difenderle, e gli vengono rapite. La vergogna per quest'episodio è uno degli elementi che condurranno i cinque fratelli all'ultimo viaggio, verso la morte e il misterioso mondo dei trapassati. Arjuna muore di dolore nel corso dell'ascesa al Sumeru, il monte al centro del mondo, contemplando i cadaveri di Draupadī, Sahadeva e Nakula, caduti a uno a uno nell'asperrima via. Questo perché, nel suo orgoglio guerriero, aveva, al tempo dello scontro con Duryodhana, pronunciato una vanteria poi smentita dai fatti, dichiarando che avrebbe annientato totalmente in un sol giorno l'armata nemica. Giunto solo al termine del pellegrinaggio, Yudhiṣṭhira è condotto a visitare i mondi dei morti. Arjuna è veduto da lui prima nei tormenti infernali, poi in beata adorazione di Vāsudeva, espiate le sue colpe: ormai egli formerà una coppia indivisibile coll'amico divino. Non aveva forse dichiarato un tempo il saggio Bhīṣma Gāṅgeya, venerato prozio dei Pāṇḍava, che, al di fuori della fantasmagoria degli eventi mondani, Kṛṣṇa e Arjuna erano in realtà Nārāyaṇa e Nara, i veggenti invincibili, forme divine manifestanti un unico Essere sacro qua e là nei mondi, rinascenti a sempre nuove battaglie contro le forze minaccianti l'ordine universale? (Si veda su ciò, come sulle figure di Arjuna e Kṛṣṇa in genere, il bello studio di Madeleine Biardeau, *Avatāra et roi terrestre*, in «Bulletin de l'École Française d'Extrême-Orient», tomo LXV, Paris, 1978, pp. 87 sgg.).

La *Gītā* raccoglie in certo modo le fila di questo mitologema ricco e complesso; dietro al dialogo profondo e pacato è presente tutta questa massa d'eventi, e tanti altri meno significativi su cui non ci siamo soffermati: la gioventù avventurosa, le glorie e le delusioni della maturità di Arjuna, le sofferenze che, cupamente, l'attendono. È questo che dà al testo la sua dimensione universale: l'insegnamento di Vāsudeva prende forma radicandosi in una vita intera, e si pone come risposta ai molteplici interrogativi di essa. Il meraviglioso arco Gāṇḍiva, impugnato un tempo dalle mani di Śiva stesso e acquistato da Arjuna come dono del dio Agni, cadrà un giorno nelle acque datrici di vita, come ora cade sul fondo del carro da battaglia: l'angoscia di oggi e quella di domani, fuse in un gesto ricorrente, scandiscono il ritmo sconsolato della nostra impotenza e delle nostre debolezze. Altre *Gītā*, seguendo la fortuna di questa, verranno presentandosi nei millenni: da quelle di Śiva (l'*Īśvaragītā* nel *Kaurmapurāṇa* – che abbiamo tradotto in italiano con il testo originale a fronte, *Îçvaragîtâ* o «*Poema del Signore*», Parma, 1980 – la *Śivagītā* nel *Pādmapurāṇa*) a quella della Madre divina (*Devīgītā*), da quelle dei veggenti (l'*Agastyagītā* nell'*Ādivārāhapurāṇa*, la *Vyāsagītā* nel *Kaurmapurāṇa*) a quelle di figure divine minori (la *Gaṇesagītā* nel *Mahāgaṇeśapurāṇa*, la *Sūryagītā*), da quelle sbocciate in un contesto viṣṇuita (l'*Anugītā*, già nel *Mahābhārata*; le due *Rāmagītā*, nell'*Adhyātmarāmāyaṇa* e nello *Skāndapurāṇa*, l'*Harigītā* – o *Uddhavagītā* – nel *Bhāgavatapurāṇa*) a quelle composte ai nostri tempi raccogliendo in eleganti strofe sanscrite le parole dei giganti spirituali dell'India (la *Gāndhīgītā*, la *Ramaṇagītā*), decine e decine di dialoghi ci danno gli insegnamenti di un maestro onnisciente e compassionevole, con profondità non minore della *Bhagavadgītā*; ma si tratta di discorsi diretti a pochi eletti. L'interlocutore è in genere assorto nella pratica dell'ascesi, distaccato dalla vita. L'appello della *Gītā* è, invece, calato nel quotidiano, sia pur veduto attraverso i vividi colori della leggenda d'Arjuna. Di qui la sua validità perenne, di qui l'inegua-gliata venerazione di cui ha sempre goduto.

È una presentazione delle lotte interiori ed esteriori di cui l'esistenza è intessuta, della sfida sempre rinnovantesi del dubbio e della sofferenza, del bisogno profondo, ineliminabile, di aggrapparsi a una voce di saggezza e di consolazione che, sotto tutti i cieli, erompe prima o poi nelle nostre menti. Ed è anche qualcosa di più: un sentiero verso il mistero; una luce capace d'illuminare, come in uno squarcio di lampo improvviso, gli abissi opachi che si spalancano dietro alla nostra povera maschera quotidiana. Luce impassibile, impersonale, che ferisce e arde implacabilmente la carne viva delle nostre illusioni, per scavare in esse e mettere a nudo, al di sotto, la meraviglia senza confini dell'Assoluto al di là di parola e pensiero.

Basta scorrere un po' l'ingente massa di traduzioni commentate dell'opera che l'India ha prodotto e produce con entusiasmo, per rendersi conto di come specialmente questa valenza di essa venga còlta a tutti i livelli, dalla presentazione devozionale alla lettura «laica» di matrice occidentalizzante, dal discorso brillante di filosofi della statura di un Aurobindo Ghosh (Calcutta, 1926-44) o d'un Sarvepalli Radhakrishnan (London, 1948) alle illustratissime edizioni popolari – a loro modo deliziose. Ha scritto bene Rajam Iver (*Rambles in Vedanta*, Delhi, 1974^2, p. 308): «... La si rilegge cento volte, eppure nemmeno allora si può dire d'averla esaurita: ed il motivo di questo è che la *Gītā* non è un trattato di filosofia, e nemmeno un manuale teoretico, ma un dialogo. Non già un dialogo tra un tale ed un altro tale, né un dialogo ch'ebbe luogo molti millenni or sono, conservatoci nelle narrazioni avite, ma un dialogo d'ogni giorno, anzi d'ogni ora, d'ogni minuto, fra ciascun uomo e Dio. Come c'è poesia in ognuna delle nostre azioni, il leggere, il piangere, il ridere, ecc..., così c'è in esse anche filosofia, perché la filosofia non è se non la più alta forma di poesia; e noi siamo impegnati in un dialogo con Dio, nel senso della *Gītā*, in ogni attimo delle nostre vite. Ecco perché la *Gītā* è così atemporale nelle sue suggestioni: essa trova in voi un'eco in ogni fase della vostra esistenza, in ogni stato della vostra mente. E come voi siete infiniti dentro, così lo è la *Gītā*. Siamo sempre confrontati da essa e c'è un verso per ognuno di noi là, in quel libro della vita». Non è un caso che la *Gītā* sia stata detta tanto spesso il Vangelo dell'India!

Sia l'età della *Gītā* che la sua storia testuale hanno dato adito a un vero mare di discussioni: se il *Mahābhārata* la segua o la preceda nel tempo, quante e quali redazioni sia dato di discernervi, che forma avesse originariamente, quali rapporti presenti con la considerevole parte del poema dedicata a temi didascalici (specie nello *Śāntiparvan* e nell'*Anuśāsanaparvan*) sono questioni che han fatto la gioia di generazioni di studiosi.

Non sarà il caso qui di rifare minutamente la storia di questi dibattiti. Basterà ricordare come il testo che c'è pervenuto, consistente di diciotto *adhyāya* quasi a riflettere la struttura del *Mahābhārata* (diciotto libri se se ne toglie l'*Harivaṃśa*; diciotto sono anche le armate avverse che si misurano in campo e diciotto i giorni del loro scontro sanguinoso: è evidente l'intenzione di porre il dialogo come un centro ideale del poema, microcosmo intimamente connesso al macrocosmo che lo attornia), sia quello che universalmente si ritrova nei manoscritti di tutta l'India.

La redazione in 700 strofe, ch'è più diffusa d'ogni altra, è testimoniata per la prima volta dal commento dovuto al grande Śaṅkarācārya, il maestro più universale e profondo nel solco della tradizione brahmanica che l'India abbia mai prodotto. Sull'autenticità di questo lavoro non è ormai più lecito avanzare dubbi (cfr. Sengaku Mayeda, *The authenticity of the Bhagavadgītābhāṣya ascribed to Śaṅkara*, in «Wiener Zeitschrift für die Kunde Süd- und Ostasiens», Band IX, 1965, pp. 155 sgg. e V. Raghavan, *Bhāskara's Gītābhāṣya*, in *Festschrift für Erich Frauwallner, Beiträge zur Geistesgeschichte Indiens*, Bande XII-XIII, 1968-69, pp. 281 sgg.). L'epoca della sua composizione sembra potersi porre tra la fine del VII secolo d.C. e il principio dell'VIII (in proposito ci sia lecito rimandare al nostro *Śaṅkara e la rinascita del Brāhmanesimo*, Fossano, 1974, pp. 209 sgg.). L'esistenza di commenti precedenti, andati perduti, appare sia da quello di Śaṅkara (*ad* 2, II; *ad* 3, I; *ad* 4, 18), sia da quello di poco successivo di Bhāskara (*ad* 2, 20 o 21; *ad* 2, 45; *ad* 3, 3; *ad* 4, 24). Quest'ultimo sembra documentare alcune varianti testuali rispetto alla lettura consacrata da Śaṅkara nei commenti antichi a cui allude, ad esempio «*nāyaṃ bhūtaḥ*» per «*nāyaṃ bhūtvā*» in 2, 20. Egli stesso, però, incorre nel biasimo di commentatori successivi per aver rimaneggiato il testo in 6, 7. La cosiddetta recensione Kaśmīrī della *Gītā*, base del commentario del maestro shivaita Abhinavagupta (XI secolo), che Raniero Gnoli ha dato alle stampe in una versione italiana d'alto interesse (*Il canto del Beato* (*Bhagavadgītā*), Torino, 1976), documenta altri rimaneggiamenti di questo genere, assieme a quattordici strofe e quattro mezze strofe in più del testo canonico (Otto Schrader s'è battuto per sostenere la genuinità di alcune almeno tra di esse). Altri manoscritti presentano, oltre alle numerose varianti del testo canonico, una ventina di strofe ed una decina di mezze strofe che non si ritrovano in esso. Altre strofe, assieme ad una sistemazione di quelle canoniche in un ordine inusitato, sono fornite da un certo Haṃsayogin, la cui data sarebbe agli inizi del VI secolo d.C.

Anche una fonte in antico giavanese ha una certa importanza per la storia del testo: si tratta di una parafrasi (forse dell'XI secolo) della *Gītā*, a quanto pare derivante da un manoscritto bengalese, che, assieme ad una versione abbreviata e con diverse incomprensioni del dialogo sanscrito, cita ottantuno strofe di esso, tra cui una strofa intera, una mezza strofa e due quarti di strofa altrimenti ignoti; Jan Gonda ha analizzato da par suo questa testimonianza. Un'altra fonte dell'XI secolo d.C., anche se non troppo illuminante, è la messe di citazioni nell'opera in arabo *Tarìkh al-Hind* del poligrafo al-Bīrūnī, che testimonia dell'alta considerazione del testo nelle regioni dell'India settentrionale saccheggiate a più riprese dal suo mecenate, Mahmud il Ghaznevide. Ad un'epoca difficile da identificare, ma verosimilmente posteriore a questa, la *Gītā* è stata corredata d'una appendice, detta *Gītāsāra*, che ci è pervenuta in due versioni di diversa lunghezza; diversi commentatori relativamente tardi, che assegnano alla *Gītā* 745 strofe, devono aver considerato tale appendice come parte integrante del dialogo; configurare una *Bhagavadgītā* originaria di 745 strofe è per lo meno azzardato quanto configurarla di 528 o di 132 strofe, come, con minuzia teutonica, fanno il Garbe e l'Otto. Una dettagliata e dottissima analisi del complesso delle testimonianze testuali è premessa da Shripad Krishna Belvaekar alla sua edizione critica della *Gītā* (Poona, 1945), sempre valida anche se i decenni successivi hanno accresciuto in qualche caso le nostre conoscenze.

In via di primo approccio informativo sul lavoro che è stato svolto in Europa dalle prime generazioni d'indologi, e che, sotto molti aspetti, resta fondamentale, sarebbe poi da raccomandare il bel volume di Étienne Lamotte, *Notes sur la Gītā*, Paris, 1929.

Dopo Śaṅkara, che ha trattato con sobrietà e rigore dottrinale il testo alla luce della tradizione upanishadica del non-dualismo, tutta una serie di maestri s'è accostata alla *Gītā* così com'egli la trasmette. Un elenco completo riempirebbe molte pagine; ci sia consentito qui di ricordare almeno i nomi illustri di alcuni: Rāmānuja, il maestro Śrīvaiṣṇava dell'XI secolo che ha condizionato tutti i movimenti devozionali successivi ed elaborato con eleganza la dottrina del non-dualismo qualificato; il battagliero Ānandatīrtha Madhva, vissuto nel XIII secolo, che ha legato la sua fama ad un insegnamento di rigido dualismo tra Dio e il mondo; l'ardente Vallabha (secolo XV), propagatore di un nuovo teismo monistico; il grande non-dualista Madhusūdana Sarasvatī (secolo XVI); gli shivaiti Rāmakaṇṭha e Rājānaka. Le traduzioni della *Gītā* in tutte le lingue si contano a centinaia. Se si eccettua il testo in antico giavanese dianzi menzionato, l'onore della sua prima versione in una lingua non indiana spetta all'imperatore Moghul Akbar († 1556), che la fece tradurre in prosa persiana assieme a tutto il *Mahābhārata* (col titolo *Razmnāmè*) da una commissione presieduta dal suo ministro e studioso di fiducia Abū'l-Fażl. Una seconda versione in persiano, della sola *Bhagavadgītā*, è ascritta al pronipote di Akbar, lo sventurato principe Dārā Šukoh († 1659), al cui interesse per la spiritualità indiana si deve anche la versione nella stessa lingua del testo di cinquanta *Upaniṣad*, ritradotta in latino da Abraham Hyacinthe Anquetil-Duperron (*Oupnek'hat, id est Secretum Tegendum*, Argentorati, 1801-1802). Reso accessibile il testo sanscrito agli studiosi europei, Charles Wilkins ne pubblicò la versione inglese a Londra nel 1785, ventiquattro anni prima della comparsa in India dell'*editio princeps* litografata (Khidarpoor, 1809). Da quel momento una abbondante schiera di studiosi ne ha seguìto, con varia fortuna, le orme.

GLI ADELPHI

ULTIMI VOLUMI PUBBLICATI:

410. Edgar Wind, *Misteri pagani nel Rinascimento*
411. Georges Simenon, *Maigret e il signor Charles*
412. Pietro Citati, *Il tè del Cappellaio matto*
413. Jorge Luis Borges-Adolfo Bioy Casares, *Sei problemi per don Isidro Parodi*
414. Richard P. Feynman, *Il senso delle cose*
415. James Hillman, *Il mito dell'analisi*
416. W. Somerset Maugham, *Schiavo d'amore*
417. Guido Morselli, *Dissipatio H.G.*
418. Alberto Arbasino, *Pensieri selvaggi a Buenos Aires*
419. Glenway Wescott, *Appartamento ad Atene*
420. Irène Némirovsky, *Due*
421. Marcel Schwob, *Vite immaginarie*
422. Irène Némirovsky, *I doni della vita*
423. Martin Davis, *Il calcolatore universale*
424. Georges Simenon, *Rue Pigalle e altri racconti*
425. Irène Némirovsky, *Suite francese*
426. Georges Simenon, *Il borgomastro di Furnes*
427. Irène Némirovsky, *I cani e i lupi*
428. Leonardo Sciascia, *Gli zii di Sicilia*
429. Nikolaj Gogol', *Racconti di Pietroburgo*
430. Vasilij Grossman, *Vita e destino*
431. Michael Pollan, *Il dilemma dell'onnivoro*
432. Georges Simenon, *La Locanda degli Annegati e altri racconti*
433. Jean Rhys, *Il grande mare dei sargassi*
434. W. Somerset Maugham, *La luna e sei soldi*
435. Tommaso Landolfi, *Racconto d'autunno*
436. William S. Burroughs, *Queer*
437. William Faulkner, *Luce d'agosto*
438. Mark S.G. Dyczkowski, *La dottrina della vibrazione*
439. Georges Simenon, *L'angioletto*
440. O. Henry, *Memorie di un cane giallo*
441. Georges Simenon, *Assassinio all'Étoile du Nord e altri racconti*
442. Pietro Citati, *Il Male Assoluto*
443. William S. Burroughs-Jack Kerouac, *E gli ippopotami si sono lessati nelle loro vasche*
444. Gottfried Keller, *Tutte le novelle*
445. Irène Némirovsky, *Il vino della solitudine*

446. Joseph Mitchell, *Il segreto di Joe Gould*
447. Vladimir Nabokov, *Una bellezza russa*
448. Mervyn Peake, *Tito di Gormenghast*
449. Michael Confino, *Il catechismo del rivoluzionario*
450. Olivier Philipponnat-Patrick Lienhardt, *La vita di Irène Némirovsky*
451. Curzio Malaparte, *Kaputt*
452. Vasilij Grossman, *Il bene sia con voi!*
453. Álvaro Mutis, *La casa di Araucaíma*
454. Georges Simenon, *Minacce di morte e altri racconti*
455. Rudolf Borchardt, *L'amante indegno*
456. Emmanuel Carrère, *Limonov*
457. Frederic Prokosch, *Gli asiatici*
458. J. Rodolfo Wilcock, *La sinagoga degli iconoclasti*
459. Alexander Lernet-Holenia, *Lo stendardo*
460. Sam Kean, *Il cucchiaino scomparso*
461. Jean Echenoz, *Correre*
462. Nancy Mitford, *L'amore in un clima freddo*
463. Milan Kundera, *La festa dell'insignificanza*
464. Pietro Citati, *Vita breve di Katherine Mansfield*
465. Carlo Emilio Gadda, *L'Adalgisa*
466. Georges Simenon, *La pipa di Maigret e altri racconti*
467. Fleur Jaeggy, *Proleterka*
468. Prosper Mérimée, *I falsi Demetrii*
469. Georges Simenon, *Hôtel del Ritorno alla Natura*
470. I.J. Singer, *La famiglia Karnowski*
471. Jorge Luis Borges, *Finzioni*
472. Georges Simenon, *Gli intrusi*
473. Andrea Alciato, *Il libro degli Emblemi*
474. Elias Canetti, *Massa e potere*
475. William Carlos Williams, *Nelle vene dell'America*
476. Georges Simenon, *Un Natale di Maigret*
477. Georges Simenon, *Tre camere a Manhattan*
478. Carlo Emilio Gadda, *Accoppiamenti giudiziosi*
479. Joseph Conrad, *Il caso*
480. W. Somerset Maugham, *Storie ciniche*

STAMPATO DA L.E.G.O. S.P.A. STABILIMENTO DI LAVIS

GLI ADELPHI
Periodico mensile: N. 29/1991
Registr. Trib. di Milano N. 284 del 17.4.1989
Direttore responsabile: Roberto Calasso